続 保育のみらい
～園コンピテンスを高める～

秋田 喜代美

ひかりのくに

はじめに

　『続　保育のみらい』とあるのは、前作『保育のみらい』の続編です。2011年に刊行されて3年の月日の中で書かれたエッセー集の中でも、『保育の心もち』『保育のおもむき』『保育の温もり』は保育の実践者ひとりひとりに宛てたものであるのに対し、この『保育のみらい』2冊は、主に園長先生や主任・中堅保育者の方々に宛てて、園組織としての保育の質やこれからの保育を考えていくことを意識して書いた文を集めた小品となっています。

　そこで「園コンピテンスを高める」という副題をつけました。聞き慣れない言葉かもしれません。保育者の資質向上、力量形成という個人を対象にした研修等を語るだけではなく、園全体が持てる力を皆で相互に引き出し合って学び合い育ち合っていく「学ぶ組織」の可能性が、園コンピテンスです。「能力（ability）」という語が現在どれだけ行動できるかをさすのに対して、「コンピテンス（competence）」は、ホワイト（White,R.W.）という人が提唱した考え方です。潜在的に持っている力を示すとともに、周りに働きかけることで有能になっていく人の可能性、有能感や自信、意欲、誇りなど、力動性を含む言葉です。園コンピテンスという言葉を、私は3、4年ほど前に欧州連合（EU）で乳幼児保育教育政策の研究を担っている方から聴きました。個々の保育者はもちろん、園として、自治体として、専門的な実践的知識を培っていく有能さを考えていくことが大事という話を聞いて、なるほどと思いました。子どもたちを真ん中に、保育者や職員、保護者、地域の学校や関係する場の人もいっしょになっ

て育ち合うこと、またそのためには見通しを持って歩み続けることが、保育の質に携わる最前線で求められると思います。

日本教育新聞で『絆づくりのマネージメント』『園パワーメント保育スキルアップ術』という園長先生や組織に関わるコラム連載を書き、また教育ＰＲＯでは園組織のあり方と海外の動向を中心にしながら語るという私なりの執筆方針で連載を書き続けてきました。また『月刊保育とカリキュラム』でも2014年度からは園が保育の質を向上することに焦点を当てた連載を書かせてもらいました。それらの文を集めたものがこの小冊子となります。同行くださった日本教育新聞の渡部秀則さんや㈱ＥＲＰ形部香織さんのおかげです。

子ども・子育て支援新制度が平成27年４月から始まります。多くの人が膨大な時間をかけて取り組んできた制度改革です。それは長期的な足並みの途中の一歩かもしれません。しかし単なる中途半端な制度改革となることなく、真に保育の質の向上に向けて地に足の着いた取り組みになるためには、子どもと日々対する大人ひとりひとりが自分でできる責任を引き受けることが必須です。

そして、保育の未来としてこれまでもこれからも続いていってほしい日本の保育・教育の良さのあらわれの象徴的姿のひとつとして今回も前著『保育の温もり』に続いて、亀ヶ谷学園宮前幼稚園の亀ヶ谷忠宏園長先生に写真掲載のご協力をいただきました。信頼を相互にもてるときに子どもも保護者も保育者も伸びていきます。その姿の現れた写真を拙文の間の閑話休題としていっしょに楽しんでいただけましたら幸いです。

はじめに ……………………………………………………… 2

第一部 保育の質を高めるために …………… 7

①保育の質を高めるために ………………………………… 8
②教育(保育)課程と実践をつなぐ ……………………… 10
③保育環境としての「園庭」……………………………… 12
④園パワーを高める研修の充実 ………………………… 14
⑤保護者との協働の中で声を聴く ……………………… 16
⑥子どもの意欲を支える素材や道具 …………………… 18
⑦挑戦をコンセプトにした園環境のデザインと支援 …… 20
⑧規範と価値 ……………………………………………… 22
⑨次元の違う見方を生かす ……………………………… 24
⑩保護者からの信頼 ……………………………………… 26
⑪園組織アイデンティティの形成 ……………………… 28
⑫園長は社会とのインターフェース …………………… 30
⑬保育者の成長を支える研修での「語り」…………… 32
⑭もてなしの心 …………………………………………… 34
⑮「心配り」と「ゆとり」が生む価値 ………………… 36
⑯「子縁」でつながる「交響」空間へ ………………… 38
⑰アートで生まれた地域のつながり …………………… 40
⑱心に灯をともし続ける歩み …………………………… 42
⑲園長の聴き方・居方に表れる心もち ………………… 44
⑳居場所を生み出す言葉 ………………………………… 46
㉑市民性を培う「見える化」とは ……………………… 48
㉒共同注視で聴こえる子どもの声 ……………………… 50
㉓「意味ある経験」の保障重視 ………………………… 52
㉔「もうひとつの質」へのこだわり …………………… 54
㉕メディアはメッセージ ………………………………… 56
㉖比喩でとらえること …………………………………… 58

第二部 未来にむけて、変わるものと変わってはならぬもの ‥61

- ①活動の継続性を支える保育の振り返り ‥‥‥‥‥‥‥ 62
- ②本物だからできる探究 ‥‥‥‥‥‥‥‥‥‥‥‥‥‥ 64
- ③園ならではの豊かな言葉の使い手を育てるために ‥‥ 66
- ④本物の園文化につながる活動サイクル ‥‥‥‥‥‥‥ 68
- ⑤城戸幡太郎「共同的生活」に学ぶ園の暮らしを ‥‥‥ 70
- ⑥「見て 見て 保育」の地域の輪を ‥‥‥‥‥‥‥‥ 72
- ⑦遊びの充実に向けた環境工夫の条件 ‥‥‥‥‥‥‥‥ 74
- ⑧絵本世界との出会い ‥‥‥‥‥‥‥‥‥‥‥‥‥‥‥ 76
- ⑨被災地幼稚園に教えられたこと ‥‥‥‥‥‥‥‥‥‥ 78
- ⑩被災地の幼稚園の姿に学ぶ園庭の意義 ‥‥‥‥‥‥‥ 80
- ⑪なることによる学び ‥‥‥‥‥‥‥‥‥‥‥‥‥‥‥ 82
- ⑫乳児における保育の質 ‥‥‥‥‥‥‥‥‥‥‥‥‥‥ 84
- ⑬フォトカンファレンスの魅力 ‥‥‥‥‥‥‥‥‥‥‥ 86
- ⑭保育者の学びと研修体系 ‥‥‥‥‥‥‥‥‥‥‥‥‥ 88
- ⑮活動の場のイノベーションと環境のデザイン ‥‥‥‥ 90
- ⑯育ち合うコミュニティとしての保幼小連携になるために‥ 92
- ⑰見守りと注意の境界線 ‥‥‥‥‥‥‥‥‥‥‥‥‥‥ 94
- ⑱文化間葛藤の場としての保育 ‥‥‥‥‥‥‥‥‥‥‥ 96
- ⑲実践事例から学ぶ研修を深めるために ‥‥‥‥‥‥‥ 98

第三部 グローバル化の中での未来 ‥‥‥‥‥101

- ①「保育の質についての研究」を振り返る ‥‥‥‥‥‥102
- ②国際的視点から保幼小連携の課題を考える ‥‥‥‥‥104
- ③ニュージーランドの保育政策に学ぶ ‥‥‥‥‥‥‥‥106
- ④ＥＵの保育は今 ‥‥‥‥‥‥‥‥‥‥‥‥‥‥‥‥‥108
- ⑤東アジアの幼児教育改革 ‥‥‥‥‥‥‥‥‥‥‥‥‥110

⑥伸びを保障する教育 ……………………………112
⑦保幼小連携チームワーク成功の原則 ……………114
⑧ノルウェーの保育政策に学ぶ ……………………116
⑨幼児教育の成果を問うグローバルな動き …………118
⑩保育における学びのポイントを見る目 ……………120
⑪社会情動的スキルをはぐくむ ……………………122

おわりに ……………………………………………………124
初出掲載誌一覧 ……………………………………………126

●Stuff
　装丁・本文レイアウト／永井一嘉
　企画・編集／安藤憲志
　進行・校正／堀田浩之

第一部

保育の質を高めるために

①保育の質を高めるために

だれのための保育の質か

　日本の保育界は、子ども子育て支援法の制定に伴い、時代のうねりの中で制度的に大きく舵を取ろうとしています。それはどのような施設形態に通う子どもたちにとってもより質の高い保育・教育を受けられるようにという多くの人に一致する願いによって進んでいると思います。国の会議でも繰り返し語られた言葉が、基準としての「質の確保」であり、保育に責任を負う基礎自治体や施設、保育者が「質の向上」を図ることです。ただし、子どもの健やかな育ちのために求められる保育・教育の質と、保護者が働くために受けられる子育てサービスとしての質、親が親になり子育てを楽しめるよう園や親同士の絆をより深く創り出していく質は、必ずしも同じではありません。このことは私たちが常に心していかなければならないことでしょう。

　実際に保育の質と聞いてどのようなことをイメージされるでしょうか。ある地域の保育園の研修会で保育者のみなさんに答えていただき共有してみました。「職員同士の関係や情報交換」「個々の保育者が保育実践で工夫」「保育者自身の振り返りや心構え・研修の充実」「保護者との連携」の４点が大事な点として挙げられました。ＯＥＣＤ(経済協力開発機構)では、①ヴィジョンの設定やそれに応じた規制、②カリキュラムの見直し、③保育者の資質向上、④保護者や地域の関与、そして⑤それらを振り返る自己評価や第三者評価、そのための証拠となるデータや事例の収集の５点を挙げています。

安心・夢中の輪としての質

　保育者ひとりひとりの努力はいうまでもありません。しかしそれらにすべてが帰されるべきではありません。基礎自治体を単位として、各地域の中でこれからの子ども・子育てのヴィジョンや課題を参画しながら共有し、各園が大事にしたい目標を具体的な子どもの姿に実現していけるよう、園全体で取り組む仕組みを形成していくことが大事と思います。そのためには、忙しい中でも対話することであり、聴き合い受け止めながら相互にそれぞれの保育の優れた点を認め合う、子どもも保育者も保護者も安心できる場に園がなること、子どもをかわいいものとしてだけではなく、夢中になっている瞬間に大きな伸びゆく可能性を持つ存在であることを保育者や保護者が自覚し、その姿がどの子にも保障される実践が生まれるようにしていくことでしょう。経済不況の中で厳しい状況もいろいろ生まれています。しかしその中でも変えられることと変えられないことを見極め、変えられる可能性に挑戦していくその動きの過程の中に質の向上はあるのではないでしょうか。

②教育(保育)課程と実践をつなぐ

保育の質とカリキュラム・指導計画

　幼保連携型認定こども園教育・保育要領では、幼稚園教育要領と保育所保育指針の両方を合わせるだけではなく、認定こども園において特に留意すべきことも書き込まれました。各施設が地域において果たすべき役割、またこれからの園の方向性が議論されたということができます。保育の質を高めるための国際的な議論の中でも、保育者の資質向上や配置基準という「人」の問題と共に、カリキュラムと評価はその要となっています。教育(保育)課程は、育ちを示す地図の役割を果たすものです。

　第一に、各園において指導計画が大事にされ、年ごとに目の前の子どもたちの状況に応じて見直されていくというサイクルが形成されることが大事でしょう。また第二に、実践の具体的なイメージと計画が密接につながることが大事です。私がかかわらせてもらっている園では、指導計画の後ろに事後に赤ペンで変更点や記録、そのときのポイントとなる写真などを記載されている園があります。この記録によって、保育者間で年度を超えて育ちが共有でき、つながるようにというねらいからです。

保幼小連携カリキュラム

　第三に、保幼小連携カリキュラムを自治体や園でも作成しておられるところも増えてきました。各園でも接続カリキュラムを意識してみることが大事でしょう。

　私は接続カリキュラムでポイントとなる事がらについては、両者

のイメージを共有できるように、そこに象徴的な実践や道具の写真とポイントを書き込むことをお勧めしています。①接続カリキュラム、②実際の交流計画、③合同研修の機会を設けていくことで、相互に保育の質を高めていくことができます。そのことによって、育ちの見通しが6年、3年から12年、9年間の育ちの見通しにつながります。「私立(民営)だから連携は難しく無理」「複数の学校に行くのだからうちは無理」といった思い込みではなく、地域や学区の子どもたちを相互に育てて高め合っていくという意識ができることで、地域皆でカリキュラムを策定してみることもできるでしょう。

　カリキュラムを通した質の向上のために3点を挙げました。その一歩を前に踏み出すことがどの園でも求められるのではないでしょうか。

③保育環境としての「園庭」

園庭を見直してみよう

　新たな幼保連携型認定こども園では、幼稚園での名称である「運動場」でも保育所の名称である「遊戯場」でもなく、「園庭」の名称が使われることになりました。幼稚園教育要領の中でも保育所保育指針の中でもすでに「園庭」という名称は使用されており、別に新しい変革ではありません。しかし、なぜ園庭という名称になったのかを考えていただくことが、大事だと思います。

　園庭に込めた意味は、子どもが主体的に繰り返しかかわれる場であることや、5領域のさまざまな教育的機能を総合的に実現するための環境であるという点があります。また保育室とは異なり、人間の統制の利かない自然現象や事象に会う場である点も特徴といえると思います。砂場や泥、水などはあってあたりまえと思えるかもしれません。しかし、園庭があることでどのような働きをそれぞれの時期に子どもたちにもたらしているかを考えることは、環境を考えるうえで中核になることに気づかせてくれます。

　今ある園庭を、さらに保育の質を向上するようにという点から考えてみることをしてみてはどうでしょうか。

　子どもたちは園庭のどこの場所をどのように活用しているでしょうか。私が研修に参加させていただいているある園では、園庭で生じたエピソードを毎月いくつか書きためておられました。そしてそのエピソードのひとつひとつについて、全体研修時間はなかなかとれなくてもエピソード記録を読んで相互にそのエピソードの周りに、感想を書き込み、その後に皆で話し合うことをされていました。そ

れによって、「この年齢だからこういう出来事が出てくるね」とか、「いかにもこの子らしいかかわりだ」と園庭との関係を見ることが子ども理解にもつながっていきました。

園庭に工夫を加えて変化を見てみよう

またある園では、園庭をいくつかのゾーンに分けて、各ゾーンでの子どもの活動をていねいにとらえることで、「ここにこんな工夫ができそう、いつも道具を置いていたけれど、この場所を移動してみたら動きも変わるかもしれない」とアイディアも生まれてきました。

「鳥の巣箱をここに付けてみたら」「今まで保育者のほうで作っていた名札を子どもと共に作ってみたら」「園庭マップを子どもたちと共に作ってみたら」「大型遊具でもこのような工夫をしてみたら」といろいろな工夫を先生方の園でもされていることでしょう。工夫をすることで意図的にその場所がどのような場になるかを見ることができます。それが次の着想を生み出します。質の向上は、「場をよく見て、工夫をし、さらにそこでの子どもの姿をていねいに見る」というサイクルを創り出すことで生まれていくのではないでしょうか。

④園パワーを高める研修の充実

園内研修で園パワーを高める

　保育の質の向上として、研修の充実がいわれます。でもそこで大事なことは、個々人の資質向上だけではなく、園として皆が相互に学び合い高め合えるような元気の出る研修をどのようにして創り出していくかになります。それを海外では園コンピテンスと呼んだり、効果的なリーダーシップと呼んだりしています。

　私は問題解決型の研修から卓越性発見型研修へと研修のあり方を変えることが必要と、各地を伺うとお話をしています。これまでの研修では、ひとつには保育のある場面について反省に基づいてもっとこんなやり方があったのではないか、こうしたらよいのではないかと過去への反省が多かったように思います。

　あるいは先輩をモデルとしたときに、若い人にこうした知識や技能が足りないのでそれを身につけてもらいたいというところに力点があったように思います。でもそうして個人それぞれの実践や技能を直接高めるためのあり方を指摘しても、その人自身がそれを課題としてとらえていなければ、むしろ内心では言われたことへの不満やそんなつもりではなかったのにという感じで終わり、それが次の行動につながらずに終わってしまうこともあると思います。しかしそれでは元気は出てきません。

　それに対して、それぞれの人ならではの実践のよさや環境の工夫などを見つけ認め合い学び合うことが園としてできれば、それぞれの智慧を相互に引き出し合う関係を創ることができます。若手もベテランもその保育者ならではの持ち味を生かす研修をいかにデザイ

ンできるかが大事なのではないでしょうか。

研修のメディア、方法、視座を変えてみる

2009年にベネッセが行なった『認定こども園における研修の実情と課題』の調査報告の中に、「さまざまな研修方法で実施している園ほど、園内研修の成果意識が高いこと」が明らかになっています。

1年の中でも研修に使う記録の方法やメディア、研修のときの進め方や議論のしかた、着眼点や視座を時には変えてみると、それによってさらにそれぞれの保育者の強みや活躍の場が広がるかもしれません。ちなみに私は写真を活用し、数人でまずは語り合う研修、ホワイトボードなどにキーワードなどの着眼点を書いて残しておき、それを後で皆で見合ってみたりする研修を多様な研修のひとつとしておすすめしています。着眼点や視座を変えることで「そのことならもうわかっている」といった気持ちから「なるほど、あなたの気持ちよくわかる」「うちの子どもたちはすごいね」と感じられたり、同僚の実践の取り組みに「よし、私もやってみよう」となるかもしれません。

どの保育者も忙しくても、子どものために明日をよりよくと願っています。その思いを具体的な行動につなげるための方法や園風土が、これからの研修では問われているのではないでしょうか。

⑤保護者との協働の中で声を聴く

子どもの可能性が親を育てる

　ある園長先生が私に話してくれました。「入園当初は保護者会などにも一切参加せず、子どもを預かってもらえるだけ長く預かってもらいたいという保護者も、子どもの育ちが感じられるエピソードを伝えたり園の方針を話し続けているうちに、だんだん柔らかくなり、今では早めに迎えに来れる日は来られるようになり、園の活動にも参加されるようになってこられたんですよ。それとともに園を大事に思ってくださるようになりました」。若い保育者にとって、自分よりも年齢も上の保護者との関係づくりは子どもとの関係づくり以上に苦労されることも多いでしょう。しかし信頼関係を深め、保護者も子どもも育ち合う園づくりこそ、保育の質の向上の大きな決め手になります。生活の連続性は、家庭と園との協働があってです。

　ある園では、「面談に来られた保護者に、最初にちょっとその日の保育中にあったお子さんの姿などを写真で保護者に見てもらうんですよ。するとお互い緊張がほぐれて、不満を訴えに来られた方とも話しやすくなりました」と語られました。子どもや家庭等での心配事や問題を抱えている保護者との関係には、どの園でも気を使っておられます。しかし我が子が遊びに打ち込む姿や友達とかかわり伸びていく姿を写真や映像で具体的に見ることで園の理解が深まり、園への参加や協働が進むことは事実のように思います。保育者が子どもの可能性を見いだし、保護者と共有することが、親が親になる支援となっていくといえます。

保護者の声を聴く工夫

　そのために、Webに保護者向けサイトやブログを作成したり、その日にあったことを写真で掲示したりと、多様なメディアで新たな情報を提供しながら、園のヴィジョンを共に創り理解・共有するサイクルを大事にする園が増えてきていることはうれしいことです。またその方法の工夫に各園の卓越性があるようにも思います。ある幼稚園では、夏休みのお泊まり保育について子どもに聞いて、いっしょに絵や文を添えて絵ハガキで園に送ってくださいと依頼されています。すると園行事などのアンケートを保護者に求めていたときより、無記名の批判ではなく、保護者も子どもからの話を聴いてお泊まり保育の意味を考えるようになったそうです。

　ある園では、お誕生日の日を保育参加の日として来てもらい、その保護者から話を聴かれています。誕生日だからこそ少数の保護者からていねいに話が聴けるのでよいといわれます。また、保護者に保育参加のときに交替でおすすめ絵本を読んでもらっている園もあります。保護者の読み聞かせする風景の写真が本棚のわきに順にはられています。それがまた保護者の参加を促し園の文化を創り出しています。保護者に子どもの姿を伝える工夫と同時に、保護者各々のかけがえのない声を聴く工夫が、園と家庭の協働による育ち合うコミュニティの形成を生み出すのではないでしょうか。

⑥子どもの意欲を支える素材や道具

可能性を引き出す素材

　保育の質が豊かであるときには、その子らしい表情や言葉、行動が伸びやかに出せている姿があります。では自由に遊ぶ時間と場所だけを保障していれば、子どもたちはその子らしさを出していけるでしょうか。環境を通しての教育・保育である乳幼児期には、どのような素材と道具が出ているかもまた大事になると思います。なぜなら、子どもの持てる力を引き出すには、それを引き出す窓口が必要になるからです。

　ある園の園長先生は、「いつも白や決まった色の色画用紙だけだと子どものイメージが広がらないと思うのです」と言われ、園には細長く切った画用紙があったり、また真ん中をくりぬいた画用紙などが準備されたりしていました。すると子どもたちは、その形だからこその想像力を働かせ、さまざまなイメージを広げています。

　また陶芸のろくろに紙を巻き付けてみると線を引いているだけでもいろいろな線や形が生まれています。何か思いがあって作られるひとりひとりの相違だけではなく偶発的にできたことがそれぞれの子のイメージを広げ、よさを広げていくこともあるかもしれません。

　また素材としての、砂や泥や水、自然物が多様なイメージを引き出すのもいうまでもありません。素材は教材として保育者が活動の目的のために準備されるというより、子どもの遊びへの思いの「素」になる材だと思います。それがどのように保育者の思いを超えてひとりひとり、そして子どもたちの世界を広げるか、だから素材なのだと思います。そんな目でもう一度周りのものを見てみると、お決

まりのものも姿を変えて使えるかもしれません。

道具のわくわく感

　ある園では、材木で自分たちで作ったものがささくれ立ってきて痛いと感じると、紙やすりを使って皆で磨きをかけています。子どもたち自身が表面のざらざら感やすべすべ感を道具としての紙やすりを使い、感じています。

　本物の道具を使うと、子どもはわくわく感を感じて、ままごとコーナーでも電車ごっこでも、土木作業でも、農作業でもなり切ってやってみたいと思うのです。道具そのものを扱うことの楽しみが、正しい使い方だけでなく、なってみる臨場感を高めます。

　道具を使う場では子どもたちの間に必ず役割が生まれ、限られた数の道具を皆で使いこなし楽しむことを学んでいきます。そこにその子らしい姿が立ち現れてきます。保育の質を考えるときに、活動内容と併せて、それを支える素材や道具を毎年工夫してみることをみずからに課してみると、子どもの新たな面がさらに開けるのではないでしょうか。

⑦挑戦をコンセプトにした園環境のデザインと支援

さまざまな挑戦

　挑戦をこれからの子どもたちにとって大事なコンセプトとして考え、園環境のデザインと援助を考えてみられてはどうでしょうか。安定と自己発揮の年度前半から運動会を越えて年度後半の子どもたちの姿を挑戦という観点から、環境や活動、そしてその支援を考えることが21世紀型スキルといわれる力を培うのにも大事と思います。運動などで、できなかったことを繰り返し練習し、乗り越えていく姿がイメージされるかもしれません。

　しかし考えてみると、さまざまな挑戦があります。行動としては何げなくできているように見えても、実は自分で壁を作ってそれ以上を越えないで自己防衛的に「わたしはそんなのしたくないもん。わたしはこれでいい」と言っている子も中にはいます。その子にとって、できない自分に向き合い一歩踏み出すことは、外からはだれにでもできることをやっているようにしか見えなくても、その子にとっては挑戦です。またダイナミックに大きなことに挑むだけではなく、自己の注意を一心に集めてひとつのことを何度も繰り返しながら自分の目当てに向かって続けていくこと、毎日続けていくこともその子にとっての挑戦といえるでしょう。

　また一方で、ひとりひとりの挑戦だけではなく、皆で心を合わせて知恵を出してやってみることでやっとできる姿は、探究ともいえますし、皆の力で伸びようとする領域を大きくし、そしてそこへとたどり着く挑戦といえます。お互いのぶつかり合いや葛藤をみずからの力で乗り越えていく、瞬間の感情的な軋轢(あつれき)を越えて他者のこと

を考えていくことができる姿も、自分の立場、自分の気持ちのバリアを越えるその子なりの挑戦だと思います。

挑戦を支える保育者と保護者の連携

しかし当然のことながら挑戦には失敗もまたつきものです。そこには悔しさや悲しさ、自己嫌悪、怒りやあきらめも生じます。それをどのようにその子の思いに寄り添い、その負の感情を受け止めて、励ましていくのかが挑戦的環境の準備とともに保育者には求められます。挑戦と危険や失敗は裏表です。だからこそ保護者が短期的な眼差しと効果、効率で子どもを観ていると、否定的な見方になるかもしれません。失敗が次への創造的成功にどのようにつながるのかを個別具体的なエピソードで保護者に伝え、共有してもらうことが大事だと思います。

また保護者は保育の過程を見ていません。だから、遊びや暮らしの中の挑戦の姿を伝えたり、保育者が日々活動に凝らしている挑戦へのひと工夫や待って見守る判断を、どのようにしているかを伝えることも、大事かもしれません。

第一部 保育の質を高めるために

⑧規範と価値

「ごめんね」を言わせることの価値のなさ

　保育の質を考えるときに大事なことは、日々の保育に直結する事柄で大事なことは何かをとらえることです。どの園にも、園としての規律、クラスのふるまいの決まりごと、子ども同士のかかわりや遊びのルールなど、さまざまな決まりごとがあります。どの社会でも当てはまる道徳だけではなく、園固有の慣習もあります。例えば子どもの自律性、主体性を育てる視点から考えると、子どもたちがルールを考えるときにも、「先生にしかられるからだめ」なのではなく、仲間の思いや感情を考えて自分で判断できるような育ちの機会をどのように与えているかが大事になるでしょう。何か規律に反したことやトラブルを子どもたちが起こしたときに保育者がどのようにかかわり語るか、そこでどこまで子どもたちにかかわるかによります。なぜなら子どもたちは保育者をとてもよく観ているからです。そして、時にはルールを相談して柔軟に決めたり変えたりすることも大事です。

　ある保育者が、子どもに「ごめんなさい」を言わせることの価値のなさと研修で語られました。相手を感情に任せてぶったり、物を投げて当たったりする場面はどの園でも見られます。また故意ではなくても結果として相手を傷つけることもあります。そのときにやった子を注意するのか、痛い思いをした子を「痛かったね。よくがまんしたね」と受け止める姿をその子に見せ気づかせるよう見守るのかに、園の価値がかかわっています。もちろん安全面はもっと大事ですし、トラブルが生じにくい環境設定や素材準備はいうまでもあり

ません。一定のルールを伝えることも大事です。子どもの育ちに応じてどこまで伝えるのか、わかるまで待つかが分かれ道です。

冷暖自知

　保幼小連携でかかわらせてもらっている東京都品川区立第一日野小学校の酒井敏男校長先生から、教わった言葉です。他人から言われなくても、自分のことは自分でわかる、気づく子どもを育てるためには、規範を言葉で直接伝えることはトレードオフ(二律背反)の関係にあります。「寒いから上着を着ていきなさい」というのではなく「寒いから着ていく」「暑いから脱ぐ」と判断できることで自分の健康を守り、他者との関係でも「相手が痛い思いをしていれば自分の気持ちも晴れない」「他者とどのようにすればよいか、そのためにルールがあることに気づく」子どもを育てることで、市民として生きる力を育てていく。日々のかかわりでいつ出るかいつ待つかのひとつのポイントは、このようなことを園や保育者間でどこまで大事にしていくのかにかかっているのかもしれません。どのようにかかわるか迷った、困った事例などを皆で話し合ってみることで、園で大事にしたい価値やルールに保育者も子どもも気づいていけるとよいですね。

⑨次元の違う見方を生かす

10分ずつの園庭記録　全員参加の研修を提案

　リーダーシップとマネジメントは別のものです。マネジメントは日々の組織運営を指すのに対し、教育に必要なリーダーシップは、理念を明らかに表し、リードし具現化する力を意味しています。

　私がすてきだと思う園の共通性は、保育者ひとりひとりのかけがえのなさと発想を取り入れ、「保育者のリーダーシップ」を生かしておられる点です。リーダーを園長や主任のことだとのみ思っている限り、その園は学び合い、育ち合う場にはならないと思います。

　欧州連合（EU）も「有能な保育者」という概念から「有能な園（コンピテントなセンター）」への転換を提案しています。

　尊敬するある保育園の園長先生が、極めて狭い園庭を十二分に活用しようと、保育者たちと行なった研修を報告してくれました。それは、子どもたちが園庭でどのような経験をしているのか、10～15分ずつ保育者が交代で記録を取ることから始まりました。そのとき観察したエピソードを持ち寄り、実践の姿から、今後何を培いたいのかという「ねらい」をつなぎ、よりよい園庭の在り方を考えてみようというものでした。

　職員シフトがあり、研修時間が取りにくい保育所でも、全員が自分で記録を取ること、皆が使う場を違う次元で見てみることを、園長みずからが提案したこの研修は、園庭で遊ぶ子どもたちの魅力を園全体でとらえ、考える機会になっていきました。短時間だからこそ、その前後を互いにつないで語り合うことで理解が進みました。園長先生は、「忙しいと言っていたら、いつも同じ、その中で細かな

時間でも見いだして、できることからやっていきたい。それが子どもに還るのだから」と話してくださいました。

　観点や次元を変えたさまざまな振り返りにより、保育者それぞれのよさと創意工夫を生かし、子どもの具体的姿から、皆で園のヴィジョンや活動の「ねらい」を語り合っていくことがその秘訣です。早朝から深夜までのシフト勤務と極狭の園庭という条件下でも、「よりよい質の保育を園のどの子にも」という根っこにある願いを職員が皆共有しておられました。所与の制約内で最大限の可能性を生かす知恵と意志こそ、「コンピテントなセンター」のリーダーシップといえるのではないでしょうか。それはどの園にも真実の姿だと思います。

⑩保護者からの信頼

ひと手間の原動力をいかに引き出すか

「信頼型社会」といわれる現在、保育者・家庭・地域との連携のためにも、信頼をいかに築くかが重要なカギとなります。ドイツの社会学者、ニコラス・ルーマンが言うように、「安心」は過去の経験から創られるのに対して、「信頼」は複雑社会において不安を縮減し、未来の行動の予期を創り出す関係にその源があります。「この園ならやってくれるだろう」という期待が信頼となります。

ルーマンは「幼児期は子どもが信頼を学習する基本の時期」と言っています。乳幼児を持つ保護者にとっても、地域や園とのかかわりの中で、信頼を形成するスタートの時期といえるでしょう。

30年ほど前からお付き合いがあり、リーダーシップのあるべき姿として学ぶことの多い、東京・板橋富士見幼稚園の安見克夫園長先生が私に教えてくださったことがふたつあります。

「園は急激には変わらないし、改革で急に変えてはならない」——。なぜなら信頼が崩れるからです。これは小学校以上の義務教育での学校改革と違うところでもあります。私立・民間が多く、組織規模が小さい保育・幼児教育の世界では、保護者は園の理念を知り、それに沿った活動を子どもが行なうことを期待して信頼したうえで、子どもを託すことになります。だから、ほんのひと手間の変化でないと信頼をなくすことになるのです。明日は少しでもよくなろうという「あすなろ精神」の気持ちこそ大事です。

また、もうひとつは「温かみや気遣いで、園は保護者とつながる」——ということです。例えば、汚れ物をそのままビニール袋に入れ

て持たせるより、ひと手間洗って返してくれる園だと、保護者が思ってくれることが大事だということです。その園では園長や先輩が若手保育者にこれらのことを伝えています。これはマニュアルどおりに保育者が動くことを求めているのではなく、その園が大事にしている心遣いを伝えているのです。それが園の温もりを創り出すことであり、保護者のほうも通園してよかったと認めてくれることになります。これが信頼を築き、園の子どもたちの未来を共に創り出す絆になるのではないでしょうか。

　このひと手間を生み出そうとする保育者の心の原動力をいかに引き出すか。それがリーダーシップの鍵となることを、私は幼稚園・保育所関係なく多くの園長先生から学ばせてもらってきています。

⑪園組織アイデンティティの形成

共有していますか？　自園だから育つこと

　職場組織がうまくいくには、保育者が「園組織アイデンティティ」を形成できていることが大切です。

　アイデンティティ形成には、「ヴィジョン、イメージ、文化」が大切といわれます。ヴィジョンがあると、うちの園の保育はこんな子どもの姿であってほしいと目標が明確になり、具体的に実践とつながってイメージされます。そのために保育を見える化できる道具箱（ツールボックス）を持ち、自園はほかの園とは「ここが違う」と、よさ（卓越性）として言える何かが自覚されていることが大切です。それが園文化を保つと同時に、革新を続ける源になります。

　ある園では、同じ活動場面の年齢ごとの姿を、主任や園長先生が短時間ずつビデオ撮影しておられます。例えば、走っている場面での年齢ごとの違い、同じ花を描いた作品の相違などを、研修時に職員でいっしょに見て、考えることをされていました。

　自園で子どもたちが育っていくとはどのような姿かを、皆で相互に理解し合うこと。それは、その園で歳月を経ることの、育ちの過程に見通しを持つことにつながります。

　「うちの園ではこうした経験や活動内容を大事にしていきたい。ついては、それぞれの年齢で、この時期にはこんなことを大事にしておこう」と、おのおのの役割に戻っていく議論となる。これが価値やイメージになり、ヴィジョンを実践の中でとらえる契機になります。

　この園では、ビデオ撮影をしてのカンファレンスをされておられるというように、各園独自の姿を映し出す手だてとしてのツールが

準備され共有されていることがポイントなのです。そしてそのツールや持ち方がその園らしさにもなります。園での子どもの育ちは発達心理学テキストのように、何歳でどうだということがわかるだけでは保障できません。「うちの園だからこそこんな姿が育つ」という展望が、保育者の働きがい、手ごたえにつながります。それが「○○園の保育者の私たち」という組織アイデンティティと使命感を創り出します。

あなたの園ではどんな組織アイデンティティと、そのためのツールと文化を共有されているでしょうか。それは園内研修ノウハウをよそからまねすることではなく、自園の智慧によって支えられるものなのです。

⑫園長は社会とのインターフェース

園での出来事、より広く「意味づけ」

　先日、園内研修でお目にかかった園長先生3人に偶然にも共通していたことがあります。それは、自園だけではなく、近隣の園長、校長、保育課の方などに声をかけ、研修に多くの方が参加していたことです。3園とも私立幼稚園や民営保育園で、日々の保育や子どもの姿を開示して率直に語ろうとする姿勢も似ておられました。

　保育者が子どもとのことに心を配るのに対して、園長先生や主任は保育のみならず、現在、過去、未来を通して、保護者や社会との「接面(インターフェース)」になっているといえます。そして、自園が向かうべき道をさまざまな情報に基づき判断し、外部の人に自園のよさを語ってもらう機会を積極的に設けておられるわけです。

　新たな目であらためて外部から「意味づけてもらう」ことは、自園が大事にしたいことをもう一度語り直す意味を持ちます。

　ある園長先生は「外から来た助言者や参観者に100言われたアイディアを100は生かせないが、そのうち5つを20回重ねたら、10年かけて大きく変わりますよね」と言われました。自園で大切だった出来事を、外の目を通して、自分たちの学びのストーリー(物語)として若い保育者に伝えておられたわけです。

　アメリカの認知心理学者ハワード・ガードナーは著書『20世紀の光と影　「リーダー」の肖像』で、リーダーとは、ストーリーを内輪だけでなく、より広く共有できるようにし「組織アイデンティティ」を具現化できる人だと述べています。保育でも、「この日の○ちゃん」「この日の○組」の出来事が持つ意味を、より広く価値付ける役目をリー

ダーが担うことで、園全体はまとまっていくのではないでしょうか。

　この本では「リーダーシップは判断力であり、何と何が関係あるのかを決めることである」とし、考えなしに流行りの技術や方法を取り入れることに走る問題点を指摘しています。保育でも複雑な判断の営みをパッケージとして単純化せず、子どもと子ども、保育者、物や環境とのつながりを幾重もの網の目でとらえ、自園の一歩先を見通して語ることが、園に信頼を生み、結束力を創り出すことにつながるのではないでしょうか。穏やかな語りの中にリーダーシップがあり、笑顔から明日の保育への活力が生まれる園であってほしいといつも願っています。

⑬保育者の成長を支える研修での「語り」

本音、雰囲気、内容の質…九つの観点が鍵

　リーダーの力量のひとつが、職員の資質育成や意欲、同僚性を高める鍵となる、園内研修や職員会議をどのように組織するかにあります。その場で何をいかに語るかは、会議の持ち方のアイディアによるところが大きいといえます。

　筆者らが(公財)野間教育研究所幼児教育研究部会で取り組んでいる共同研究プロジェクトでは、園内研修でどのような「語り」が、保育者の成長を促すかを検討し、大きく九つの観点を見いだしました。

　第一は、研修全体の展開の論点が定まって、皆が活発に意見を言える流れになっているか。第二は相互性の質として、発言が互いに共感的で、園全体で考えられるようなやりとりになっているかです。

　そして第三は、テーマとなる事柄についてどれだけ多様な視点や発言が出ているか、内容の広がりや深まりという議論の中身の質。第四は、場全体がだれでも発言しやすい雰囲気や支え合う関係になっているかです。

　第五は本音で率直に話せているか。考えを整理して話せているか。保育観なども含んだ話かという個々の発言の在り方の質。第六は話し合っている内容について、根拠となる事実が具体的に提示されているか。話し合っている内容を通して、より広く子どもへの理解が深まる内容となっているか、という対象への理解の深まりです。

　そしてさらに、第七は自分や自園を振り返ることができているか。第八は次の自分や自園の保育に生かすことができる議論が具体的になされているか。第九に、発言の中に学ぶ姿勢が見られるかどうか

です。

　もちろんこれらの観点は相互にかかわり重複部分もあります。また、保育経験年数や管理職か実践者かなど、立場によっても研修の語りで大事にしたい重点は異なっていることも明らかになってきました。何をいかに語るかが園の文化を生み出していき、皆で語り合うことで新たな考えが生まれ共有されます。そのことで元気、勇気、そして根気が生まれます。笑顔や良質の笑いが生まれ、つぶやきがしぜんに出てくる。和やかで柔らかな研修へのムードメーカーとなる、あるいは園内で育成していくことが、リーダーの重要な資質であるといえるでしょう。

⑭もてなしの心

相手の喜ぶ姿を想像し応答的往還関係へ

　私のあこがれる、東京・品川区立の幼保一体化園の元園長先生(現・東京都教育研修センター新任指導員)であった大竹節子先生。当時そこの園に就職すると、みんな保育の豊かさをみずからの言葉で物語り、きめ細かに動くようになられていきました。10年あまり見せていただいてきた限り、その姿は保育者が異動しても変わりませんでした。それを私は「大竹マジック」と呼んでいました。

　当の大竹元園長先生ご本人は、その神髄を「もてなしの心」と語られました（これは東京オリンピック誘致でおもてなしの心が言われる前のエピソードです)。保育ならではのケアと教育の意図を出来事や環境の中にていねいに込め、「歓待の心」を持って供する。その姿を園長みずからが身をていして示していく生き方です。それは技法や知識のみでなく、生き方を貫く倫理観です。

　子どもにも保育者にも保護者にも小・中学校との連携でも変わらないのが、相手の喜びへの想像力を持ち、持てるものを惜しみなく差し伸べる姿です。相手の身になってその人に宛てて期待し、行なうさりげない心遣いが編み出す場づくりです。

　「環境を通しての保育」という言葉を保育者が身につけていくには、空間や物が子どもにとっても保育者にとっても、わがものの場や事物になるのが不可欠です。ほんのわずかな建物の裏の路地や空きスペースを、その園では「つぼみガーデン」や「森の小径(こみち)」という名を付け、子どもたちの居場所に変えていかれました。保育者たちみずから丸太を切り、さまざまな感触の素材を地面に打ち込み埋め込みな

がら、かけがえのない場にしていかれていました。「あの子ならきっとここでこんなことを楽しみ、あの組ならこんなことができるね」と思い浮かべて創った環境でした。

　子どもに宛てた空間は、保育者同士の一体感を生み、またその場で遊ぶ子どもの姿が保育者たちの手ごたえとなって戻ってくる応答的往還関係になりました。

　それは空間だけではありません。園カレンダー作りを通して庭など見近な四季折々の変化が記されました。家庭や保育者に宛てて四季の見通しを「見える化」することで、季節に気づく目と感性を保護者や保育者にも育てていくものでした。この園舎、園庭は今ではすでに取り壊され新たな建物となりました。しかし、このもてなしの心によって創られた保育の哲学は受け継がれ、新たな保育と人の絆を創っていく文化の礎として生きていると感じます。

⑮「心配り」と「ゆとり」が生む価値

保幼小連携の基本

　東京都品川区立第一日野小学校の酒井敏男校長先生の姿から学んだことをご紹介したいと思います。今は独立園となっていますが、以前には併設する園の幼稚園長も酒井校長先生が務めておられました。

　東京に珍しく雪が降った２月のこと。校長先生は朝いちばんに、校庭に降った新雪を見て「半分は園の子どもたちのために取っておいてあげなさい」と教職員に言われました。そして、併設園だけでなく連携している近隣の保育所にも声をかけられ、小学生も幼児もいっしょに、広い校庭で雪遊びを分かち合って楽しまれました。

　だれでもできそうなことでありながら、実際には、このひと言の配慮ができる管理職は、たとえ併設学校園であっても多くはありません。校園長のリーダーシップが、見えない他者への心配りの在り方のヴィジョンを示していると感じました。また、連携経験の積み重ねから出てきた言葉だから、校長先生の言葉が教職員にも届きます。この心配りが、学校や園の中で「教育・保育」という目に見えない場が共有できる価値を生み出していきました。

　酒井先生は「保幼小連携は各担当者のみが会合に出て集まることではなく、教師・保育者全員で地域の公共の新たな文化を生み出すこと」といつも言われてきました。

　資生堂の名誉会長・福原義春さんの著書『私は変わった　変わるように努力したのだ』（求龍堂・刊）の中に、「『価格』は見えますが『価値』は見える人にしか見えません」という言葉があります。絆づくりのリ

ーダーシップも、見えない将来へのヴィジョンと価値を、具体的な実践に埋め込む瞬時の行為や判断の中で見えてきます。

　いつ伺っても校長室にはゆったりした時間が流れ、本を読み込んでいる教養が話の端々に見えてくる酒井校長。「ゆったりしていますね」と声をかけたら「管理職が急いで動き回っていたら学校が落ち着かなくなりますよ」という言葉が返ってきました。実用のためにしか本を読んでいない管理職が増える中で、稀有な姿になってきています。現実には多忙極める中でもゆとりと遊び心をいつも示すよう意識的に心がけておられるから、心配りが生きてきます。信頼による「絆づくりは1日にしてならず」ともいえるのではないでしょうか。

⑯「子縁」でつながる「交響」空間へ

保護者も育つ保育参加

　子どもの読書で町づくりに取り組んでいる鳥取県日吉津村に伺いました。新たに村に建てた子ども図書館を中心にしながら、地域の保育所も小学校も大人たちもさまざまな活動に取り組んでおられました。教育委員会の指導主事の方が保育所支援を行ない、保育所と小学校双方の先生もまた連携を始めておられました。

　保育園の保護者は保育参加のときのお昼寝タイムを利用して、「いつ、どんな本を、どのように読んでいるか」を小グループで話し合い、その内容をＫＪ法で分ける取り組みをしておられました。絵本を介した親子のやり取りを振り返ったり、その内容の幅を広げていったりする試みをされている話や写真などを見せていただき、保育参加を活用して「子縁」機能で地域の絆がつくられていることを感じました。

　そこには図書館、教育委員会、保育所がつながり合い、村の皆さんが温かく見守っておられる構図がありました。園生活は公立、私立・民営、幼稚園、保育園、こども園にかかわらず、これまでもそしてこれからも、未来を担う市民を育てる児童福祉と公教育を担う「交響」する公共空間であり続けることが求められています。

　そのために乳幼児期の公教育の場は、家庭や地域とのつながりの質が問われます。園へ参画する「子縁」機能で、園と家庭や地域の大人たちの生活も、子どもの生活を通してつながり合う。それは同時に、親が親として育ち、見えない地域が「想像の共同体」として機能することになります。

アメリカで園・地域・保護者のパートナーシップの理論的リーダーであるジョイス・エプスタイン教授は次のような関与の大切さを指摘しています。(1)子どもたちを理解し相互に子育てを支え合う(2)家庭と園の対話(3)保育参加や園のプロジェクトなどの活動プログラムへ進んで参画する(4)家庭でも園と連続した経験を保障する(5)園運営の意思決定に主体的に参画する(6)地域コミュニティーとの協働や園との連携を創り出す――という6点です。

　これらの点を念頭に、日本型パートナーシップとしての「縁と絆」を形作ることが、これからさらに意味を持つのではないでしょうか。

⑰アートで生まれた地域のつながり

市独自予算で「芸術士」派遣

　2011年夏、子どもたちの共同作品が香川県高松市内の琴平鉄道の駅のホームを飾りました。人が行き交う場だからこそ、地域のさまざまな年齢の人たちも、子どもが持つ表現の可能性や尊厳に気づく場となります。丸ごとの反物や木材など日ごろ園では入手できない素材を、高松市にある社会教育や基地作りの推進を図るＮＰＯ法人アーキペラゴが地域の企業や個人から集めて園で使うことで、新たな保育の契機を生みました。そして、その活動が保育士と共に「芸術士」（さまざまな分野で表現活動をするアーティスト）によって記録され、子どもが表現に打ち込む姿が家庭や地域に伝わり、育ちを喜び合う輪が広がるサイクルが生まれています。

　これは、日本で唯一、市独自予算で芸術士派遣事業を行なっている高松市の実践です。イサムノグチなどのアーティストを輩出し美術館が多いという地域の特色を生かし、アートで街づくりという市全体ヴィジョンが打ち出されています。その街づくり理念の中核に、「未来を担う子どもたちにアートを」と、2009（平成21）年から継続して取り組んでおられ定着してきています。イタリアのレッジョ・エミリアの哲学に学び、この地域独自の絆づくりにまで広がっている実践です。

　2012年度には計25園の公私立保育園や幼稚園に、午前９時から午後４時まで週２日、「芸術士」が保育に参加しアートの活動を子どもたちと行なっていました（５年目の平成25年度には27か所になっています）。ゲストティーチャーではありません。お昼寝の時間に保育

士の先生と語り合い、その園やそのクラスの「思い」に合った実践を、各アーティストが自分の専門や個性を生かしつついっしょに創り出しています。

　この保育実践を"生"で見たくて園に伺ってきました。その日は新聞紙をちぎって見たてて遊ぶ活動。素材の扱いにたけた「芸術士」の動きと、子どもの思いに沿う援助をする保育士の協働により、どの子も夢中で取り組む質の高い時間を感じさせてもらいました。「芸術士が入ってくれたことで、画用紙に小さく描くことしかできなかった子どもたちの表現が本当に伸びやかになりました」と園長先生が語られたのが印象的でした。

　絆づくりの出発点は、ひとりひとりの子どもの尊厳と表現を認め合う中から生まれることを示す、卓越したモデルだと思います。地域独自の保育の質の向上策の施策や実践に大いに学びたいと思います。

⑱心に灯をともし続ける歩み

ゆっくりとかじ切ることの大切さ

　政局によらず、園では何が真に大事なのでしょうか。私が育ての師と仰ぐ東京・板橋富士見幼稚園の安見克夫園長先生に教わったうちのひとつに、「私立園では、100の助言を外から受けても、すぐにそれを受け入れ、100変わることはできない」ということがあります。100のうち実践で腑に落ちたことを、もっとよくなるためにと願って年に五つでも変えていく。その歩みを続け年月と共に園はよりよく変わっていくということです。実際に5年、10年と継続的にかかわらせてもらうと、異動により保育者が代わっても、雰囲気は柔らかくなり、環境に教育の意図がていねいに埋め込まれるようになっていきます。年々、保育者の目配りや子どもとのかかわりもきめ細かくなります。すると、子どもだけでなく保育者、保護者にも、居心地のよい園環境ができていきます。

　園は、暮らしの場です。暮らしは急に変わると、その園への期待を持って通っている子どもにも保護者にも、そして保育者にもひずみが生じます。だからゆっくり、でもできる工夫を見つけて、喜びや愉しみ、手ごたえを感じやっていくことが肝要なのです。

　園長先生が朝少し早めに園に出て、「だれが早く来る」「だれがぎりぎりだ」という目で見ていると、次第に早い人を好意的に評価するようになります。しかし保育者に委ねて少し後から園に出れば、皆がきびきびよくやっていると見えてきます。おのおのの独自のよさを認め、信頼し委ねていくと、幸せが広がります。そのためには、保育者の子どもに対する「居方」同様、園長や主任がどのように園で居

て、何を認め大事にするかが、同僚性を決めていくといえるでしょう。

　アイルランドの詩人イエーツは、「人は成長している時こそ、幸せなのだ。幸せとは、成長のことである」と言っています。子どもの豊かな可能性や思いがけない出来事への気づき、そのときの気持ち良さが幸せを生み、そこに保育者の成長が生まれていくと思います。イエーツは「学ぶとは頭に詰め込むことでなく、心に灯をともすこと」とも語っています。どのような制度変革がこれからも起こっていったとしても、子どもの未来に向けて心に灯をともし歩み続ける専門家集団であり続けること、それこそが本当の幸せを子どもたちにもたらす園の真髄なのではないでしょうか。

⑲園長の聴き方・居方に表れる心もち

ひとりひとりとつながりたい

「えんちょうせんせい　かっこいいね　おしごと　しているみたい」（4歳Mちゃん）、「えんちょうせんせい　おこるのって　たいへんやね」（4歳Aちゃん）——。

これは福岡県行橋市・きらきら星幼稚園の黒田秀樹園長先生にうかがった、園児がつぶやいた言葉です。前者は園長先生が出かけるために背広を着ている姿を、後者は担任の先生が級友をしかっているのを見てのつぶやきです。子どもは園長先生たちを実によく見ています。そして園長先生を信頼しているのがわかります。そして園長も語りかけたくなる存在としておられ、その子の声とまなざしを愉しみつつ受け入れていることがこの子どもたちの言葉から感じられます。

園長先生の仕事は日々めまぐるしいものです。多忙の中で保護者と共有する深い内容を持ちづらいので会話が続かず、当たり障りのない話で終わったり、子どもの名前がなかなか覚えられないという悩みを持たれたりしたこともあったと黒田園長先生から伺いました。

そこで、子どものかたわらで声を聴き取ることから始められたのだそうです。子どもの声とは直接語りかけてくる言葉だけではありません。描いたもの、作ったものなどの中にも、その子どもの思いの表れとしての声を聴き取っておられます。保育者とは交換ノートによって、日記に書かれた出来事を共有し保育観を交流されています。そこに次第に「見て、見て」「ちょっと聞いて」の関係が生まれているわけです。

子どもや保育者がだれに心の内を語りたいと思うのか、その宛先のひとりに園長先生もいるのか。園の子どもや保育者、保護者の声を傾聴することで、名前を持ったひとりひとりとつながり、紐帯を太くする。この人に聴いてもらいたいという宛名が生まれ、絆を創り出しているという循環が生まれています。

　園長先生の仕事には、経営や運営などでの調整としてのマネジメント業務があります。だが原点は、子どもに向けるまなざしと関与から始まってほしいと、実践を伺ってあらためて感じました。でも日本の保育所や幼稚園でどれだけの園長先生がこのような姿でおられるでしょうか。政治や経営にいそしむ園長先生もおられます。でも、子ども、保育者、保護者のかたわらに園長がどのように居ようとしておられるのか。聴き方と居方に表れる心もちこそが、園の中で揺るがないヴィジョンや理念として根付いていくのではないでしょうか。だからこそ、子どもや保育を見取り、見守る専門性が、これからの園長にはもっと求められていくと私は考えています。園長・施設長の資格や専門的見識と教養はだからこそ求められるのです。

第一部　保育の質を高めるために　45

⑳居場所を生み出す言葉

「いじめ」起こさぬ土壌にも

　保育や授業を参観させていただき、事例検討に耳を傾けますと、きらりと光る言葉に幾つも出会ってきました。ある園で、帰りの集まりで絵本を読む場面を参観させていただいたとき、ひとりの男の子がほかの子に比べてゆっくりとしたくをしている姿がありました。既にほかの子は輪になって座り、待っています。

　そのとき、担任の先生が「ユウちゃん(仮名)が座る所、ぼくや私の隣に空いているよという人、手を挙げて」と語りかけられました。すると何人もの手が挙がります。「ユウちゃん、よかったね。どの場所に入れてもらう？」と言うと、ユウちゃんはうれしげに座り、穏やかに読み聞かせが始まりました。こうしたときに「もうみんな座っているよ」「早く座って」という指示は数多く聞いてきました。それに対し、この先生の言葉はユウちゃんと仲間をつなぎ次の一歩を照らすひと言。それにより彼は居場所を与えられました。

　小学校の授業でも、「今日は○○ちゃん、お休みだけど、こんなことを書いてくれていたよ」と欠席の子の感想文も先生が読み上げているクラスがあります。クラスの友達は、欠席している子を想像し、いっしょに学び合う感覚になるでしょう。そうしたクラスで小グループ学習を始めると、お休みの子の分まで机を動かして、グループの隊形をつくっていたりします。先生の心配りが、子どもたちの中にも物理的にいない仲間への配慮となって行き届くのが見えます。

　子どもたちの横の関係が育つには、保育者や教師が常に絆が深まるような居場所を生み出す言葉をかけ、いちばん見えづらい存在、

参加が難しい子どもの心もちへ、想像力を働かせて他者とつなぐことに心を砕くことが必要です。資生堂の名誉会長・福原義春さんの「『価格』は見えますが『価値』は見える人にしか見えません」という言葉にあるように、「子どもの居場所のための次の一歩が見える」という保育者や教師の専門性が、子ども同士や、保護者や同僚の中に、絆をつくり出す基盤となるのではないでしょうか。

　「絆づくり」が仲よし関係の強化や、イベントの手法になるのではなく、多様な人を受け入れながら新たな次の１日へとつないでいくためには、日々の小さな言葉や行為の網の目がしっかり織り込まれていくことが求められます。小中学校では「いじめ問題」が繰り返し報道されていますが、痛ましい出来事を二度と起こさないためには、子ども同士の葛藤と折り合い経験を通して、乳幼児期から折り合いをつける力を培うことを保障するとともに、他者の尊厳に配慮し居場所を与える大人の姿と言葉が必要なのではないかと感じています。

㉑市民性を培う「見える化」とは

工夫の余地、「型」導入で危うく

　デジカメやDVDの普及とともに、子どもの育ちや学び、実践を見えるようにして振り返りに活用する志向性が高まっています。まさに情報化社会の象徴でしょう。ポストイット(のり付き付せん)とボードを活用し、実践者の思考を「見える化」し、共有するワークショップやワールドカフェなども普及しています。また、レッジョ・エミリアの「ドキュメンテーション」やニュージーランドの「学びのストーリー」など、海外の取り組みの情報やその根源にある概念が紹介され、各園での記録にも創意工夫が生まれています。

　それらを型として「うちの園でも『○○型』をやってみよう」と導入する園や、手順を説明する研究者がおられることに気づきます。また他方では、理念や保育の哲学を実現するために、こうした記録を考えていく園や研究者もいます。この両者を明確に区分できるわけではありません。これは小・中学校でも同様です。一見同じことをやっているようでいて、実は実践に向かう哲学が異なっているのです。研修などに新手法を入れることは刺激的であり、変革の糸口になります。しかしそれが型の導入となったとき、パターン化に安住しがちです。教育に携わる専門家が行なう判断は、高度で複雑ですから、それを単純化しない方法へと常に変形が求められるのです。それは研修の方法や手順、使う道具(ツール)をできるだけシンプルにして事例の複雑さがそのまま生きるあり方を保障する研修が必要なのです。

　記録は、子どもたちや保育者、保護者に過去と未来が生活や人生

の一部であったことを認識させ、仲間と共に園という場での活動を振り返ることで「自己」や「私たち」という感覚を形作ってくれます。そして、ひとりひとりが園の主人公となって暮らしをつくっている感覚を生み出します。「今度はこんな記録をしてみた」と内容や方法を工夫する中に、その先生の専門家としての個性や創意が見えてきます。記録の工夫により相互の声をより深く聴き取ることができます。もちろんそのためにいろいろな方法論の本を参考にするのは大切です。

　それが、市民性の感覚を育成し、他者と共に生きようとする「生きる力」の根源を培う場である、乳幼児期の保育の記録の在り方ではないでしょうか。記録は掲示や表現の工夫により学びの環境ともなります。同時に子どもたち、保護者、保育者の歩みの記録ともなります。だから、同僚、保護者、子どものために一石三鳥なのです。

　例えば運動会でも、その日の写真を掲示する園と、行事に至る過程を記録し共有する園があります。保護者に向けた高さや場所に掲示する園と、子どもに見やすい位置に記録する園もあり、そこに付されるひと言もさまざまです。記録が過去を収めたものとするか、未来を生み出す学びの環境とするのか。相互にいろいろな差異から学び合う「見える化」に日本のどの園も向かいたいと思います。

㉒共同注視で聴こえる子どもの声

保幼小連携の中核は

　保育士の人たちが短時間でも相互に特定クラスの観察をして記録を集めながら、園庭各所の持つ意味や、子どものかかわりの姿を語り合うという園内研修に参加させていただきました。先生たちが自分たちの保育の中で、リレー式に同じ場を見た記録なので、そこには重なりとつながりが見えてきます。その日は、幼稚園や小学校の先生も参加され、皆で1歳児の姿を語り合いました。

　石をカチカチと鳴らして並べていた所から、うまくいかないながらに積もうと試みる姿の中に、0歳児とは異なる1歳児ならではの育ちが見えてきます。前日の雨で湿った石の温度を感じて、素足の子が「冷たいね」と語ります。また別の子は、いつもは乾いているウッドチップが湿っていた感触に、「あ？」と声を上げています。子どもたちの感性や感覚の声を聴き取ることで、天候を通して気づいている事柄があることを知ることができました。

　またある子が「いっしょ」と語ると、保育者が「いっしょ、同じだね」と言葉を返します。木片を見て「バッタ」というつぶやきに「バッタ!?　バッタなんだ、これね？」と驚きつつも受容しておられます。そんな言葉のやりとりが、子どものかかわりを広げていることの意味を考え合いました。おそらくこのような会話は、日々のやり取りの中ですぐに消えていく言葉でしょう。しかし、子どもの姿を写真や文字記録から共同注視してみることで、1歳の子どもであっても何を見つけ、語ろうとしているのかが見えてきます。同時に私たちが、この時期に何を大事に育てたらよいのかという未来への一歩もその事

実から学んだことの中に見えてきます。

「聴」の漢字は「耳」で音を聞くだけではなく、「十」の視点「目」を持って共に「心」を「一」にすることで、新たなものを生み出す聞き方であるという語義を持つのだそうです。こうした園内研修に参加させていただくと、子どもへの共同注視が私たちの心をつなぎ、ひとりでは見えなかった、聴こえなかった声や内奥(ないおう)にある意味を、「聴こえる」ようにしてくれると感じます。まさに十の眼で持って聴こえてくるものがあると思います。その園、その場、そのときの「その子」と「そのモノ」ならではの出会いの姿を、大人が夢中になり没頭してとらえようとすることで、そこに新たな学びが生まれます。

そうした子どもたちの育ちに心を砕く研修に、専門家が心を通わせ一体感を持つところに、園の中でも保・幼・小連携でも研修の中核があると感じます。そこには何歳、何年担当の壁を超える専門家の鑑識眼があります。

㉓「意味ある経験」の保障重視

「遊び」をめぐる世界の動向スウェーデン、シンガポール

　2012年11月下旬、世界授業研究学会第6回大会がシンガポールでありました。世界25か国の人々が日本発の「授業研究」の実践報告を行なった中で、興味深かったことのひとつが、今回から就学前の幼児教育での園内研修のあり方のセッションも設けられたことです。スウェーデンやシンガポール、香港、アメリカ、インドネシアなどでは「レッスン・スタディ」の名前で、教師（保育者）自身が、研究者や行政と協力し合い、より質の高い研修のために、いかに自律的な文化を形成したらよいのかが議論されてきています。就学前から小・中・高校までの教師が、実際の保育や授業を見て、子どもの学びを共に議論する専門性開発へと、急速に動いているわけです。

　中でも興味深かったのはスウェーデンとシンガポールの動向です。スウェーデンといえば、子どもの人権を重視し遊びを大事にしてきた国です。2011年のカリキュラム改訂や教育改革で、単に遊ばせているだけではダメで、教師はそれが何を学ぶ活動なのかを明確にするべきだということが主張されたそうで、「目的のある遊び」が議論されてきていると参加されていた研究者たちからは聴きました。

　一方のシンガポールは、国際学力テストトップランキング国として、就学前からの準備教育的内容を重視する国でした。しかしそれが、子ども中心、遊び中心の教育へと大きく舵を切り変革をしてきています。市民性育成や全人教育のために、遊びと学びの関係を見直し、知的内容だけでなく「意味ある遊び」を奨励する方向へとシフトしています。まさにそれはシンガポールの学校教育政策全体の動

向とも連動しています。

その意味では両極の振り子が今、同じ方向に向かい、「質の高い遊び」「遊びの中での意味ある経験」を保障することが重視され始めているともいえます。そのために教師・保育者は園の中で何を、いかに省察したらいいのかが真剣に議論されました。

そこで大事にされているのが、ビデオなどでの子どもとのやりとりの記録でした。活動の特徴や、大事な面は何か、素材・教材を通した仲間との経験の構造や展開を、職員みんなで記録し議論することで、そのとき、保育者が見ていなかった点を自覚化し、次の実践改善へつなげていこうとしていました。その研修が、自分たちの実践的知識を創造し、共有し、園全体へと分配していくことになります。知識基盤社会において、「遊び」を重視しつつそこに新たな知識をいかに創造・活用・分配し刷新を続けるのかが問われているのです。

㉔「もうひとつの質」へのこだわり

保育者の心の動きを語る対話のススメ

　ロンドン大学のピーター・モス教授は、保育の質としての二つの道を示しています。ひとつは、基準を設定し管理統制し、改善を目ざし、ひとつの望ましいモデルに向かう道です。最低限の質を遵守し底上げを図ることに有効であり、公共政策ではこの視点を考えていかねばなりません。子ども・子育て支援新制度で議論されてきた構造の質はこちらになります。

　しかし、この議論だけでは、地域や園の文化や、そこに生きる人と人の出会いの網の目から保育の質を考えていくことはできません。モス教授は「もうひとつの質は、出会いの場、対話と新たな試みの場から生まれる」とし、常にみずからを新しくしていく出会いによって、保育の質は向上するという考え方を唱えています。

　「ＰＤＣＡ(Plan-Do-Check-Action)サイクル」でよりよい方向を目ざす評価は、単純化されがちです。これに対し、多様な人の対話を通して意味を見いだし、つくり出す、複雑で不確実な探究の中にこそ、質の向上があるとする考え方です。

　先日、園の自己評価に関するシンポジウムに登壇したとき、保育所・幼稚園どちらの園長先生も語られたのが、「質の向上につながるのは、形式的な評価や管理ではなく、子どもと保育者の心の動きが伝わるエピソードを共有できたときである」ということでした。そのエピソードの多くは、いわゆる保育記録にも表れないような、ふと見過ごしている場面の意味を見いだせたときが多いと語られたのも印象的でした。子どもの可能性が見え、その背景に保育者が大事に

しているこだわりが見えるときでもあります。思わず「許せない」とか、「何てかわいいんだろう」「(子どもの知恵に)なるほど」などと、保育者の心の動きやこだわりが語られて初めて、共感と共に、新たな一歩が見えてくるのではないでしょうか。

そのためには、それぞれの保育者のこだわりが表れる手だての工夫や、それを語りやすい場の設定、知恵の共有と事後フォローの在り方などについて、園長や主任が専門的な知識や資質を持つことが大切です。出会いは偶発ですが、出会いのための環境設定には周到な準備と洞察が必要です。それは園内研修の方法を学べばよいのではありません。若手を生かす耳を持ち、園を超えた外の人との出会いにより、彼らを内へと包摂できる柔軟性を保ち続けながら、一方で、園長自体がこだわりを持ち、みずからの変化を幸せと感じられる姿によって可能となるのです。これは保育の質に対して、小さな窓から見る大きな挑戦ではないでしょうか。

㉕メディアはメッセージ

園文化が生む、園児のふるまい

　5歳児が砂場でケーキ作りをしていました。木の実をトッピングしながら、ケーキ屋さんへと発展していきます。その子どもから「カメラで撮ってほしい」とのリクエスト。

　神奈川県厚木市にある社福法人・湘北福祉会あゆのこ保育園では、日ごろから保育を写真に収めて掲示し、研修や個人経過記録などに活用しておられます。だからなのか、子どもたちも写真の利用法をなんとなく感得しているのです。撮影を頼まれた保育者は、写真を印刷し子どもの元に持って行く途中で、掲示することをひらめき、「ケーキ、じょうずにできたから、おうちの人にも見てもらおうよ。『掲示』にして貼ってみない？」とひと言。「先生が廊下に貼っているやつね」と、すぐに子どもたちも乗ってきたそうです。

　写真だけではなく、絵や文字、吹き出しまで付けて完成！　子どもたちは掲示する位置までこだわって話し合っていました。後日、園内研修に伺ってこの掲示を見せていただき、思わず私はうなってしまいました。

　先生が、自分たちの遊びの軌跡を写真に残していることもよく知っているから、子どもたちは、見よう見まねでオリジナル掲示を作り始めました。そこには大人の手は入っていません。この子たちは写真というメディアがメッセージになることをわかっているのです。それが誇らしい思い出や楽しい気持ちをとどめ、伝える働きを持っていることも実感しているのです。カナダの英文学とメディア研究者であるマーシャル・マクルーハンは「メディアはメッセージ」と言

いましたが、マルチメディア時代の子どもたちは、メディアが自分たちの記憶を拡張し、人と人をつなぐというメッセージ性に幼児期から気づいています。

　写真や動画を、子どもの育ちや学びを目に見えるようにするための記録や、保護者に伝えるための媒体としている園は多くなってきています。しかしこの園では、子どももその文化的活動に参加し、単なる先生のまねではなく、自分たちなりのメッセージを伝えていました。写真のレイアウトも工夫して、名前入りで掲示物を作り、保護者だけではなく他クラスの先生なども見てくれる位置を選んでみずから貼っていました。偶然の保育者のひらめきから始まった出来事ですが、各クラスが個性を出しながら、継続的に写真での記録を展開してきた「園文化」から生まれてきた姿だといえるでしょう。「園文化」の中で、子どもはその文化固有のふるまいを学び、わがものとしていきます。

　皆さんの園では、どんな文化を大事にし、日々の暮らしの中で根付かせているでしょうか。

㉖比喩でとらえること

保育の質を高める知の宝庫に

　毎月大学で行なっている保育の研究会。乳児保育担当のベテラン保育士が、ご自身が子どもとどんなふうに絆を結んでいらっしゃるか、ていねいなエピソード記述をもとに話してくださいました。その話を伺いながら、確かな保育をされる保育者は、実践しようとする保育についての比喩表現や身体感覚を表す言葉を持ち、それが実践の原理や中核になっていると感じました。

　私はいつも、こうした比喩が、保育者の「実践知」として、とても大事だと思っています。入園当初にだっこしながら子どもの不安を解消し、絆を形成していく姿を、その保育者は「吸い取り紙のように不安感を取り除いてあげる」と語られました。体全体で子どもを抱き締め、不安感を取り除く感覚です。

　そして、次第に新たな世界と子どもが出会えるように、抱き方を変えます。そこから、次第に子どもが外の世界を探索しに向かっていくと、保育者のひざは子どもの体が助けを求める場所となったり、力が出ないときの充電器となったりします。また、興奮し切ったときに脱力するまで休ませてあげる冷却器でもあるともいわれました。

　そして、保育者が黙ってひざを開放することで、子ども自身が心の充電や冷却をしていくととらえておられました。みずからの身体が子どもにとってどんな意味を持つかを感じ、子どもに身を委ねる保育をされています。この喩えは乳児クラスだけではなく、保育者全体に必要なことだと感じます。

　研究会ではこの喩えがしっくりくるという方もおられれば、充電

器という表現には違和感があるという方もおられました。なぜなら、比喩は感性や感覚でとらえられ、そこには各自の経験に基づく「身体知」(長年の経験によって身体に刻み込まれ体得した知能)があるからだと思います。

　ひとりひとりが自分の保育の在り方を比喩でとらえることは、どんな言葉をかけて行動するかという具体的行為の次元でも、子ども中心か保育者主導かなど理念的次元でもなく、体をくぐった保育観を確かめるひとつの窓口になるのではないでしょうか。そこには、保育をどう感じ、質を高めていくかにつながる知の宝庫があるように思います。

第二部

未来にむけて、
変わるものと変わってはならぬもの

①活動の継続性を支える保育の振り返り

振り返ってみることの重要性

　指導計画としての週案や日案をもとに保育をするときに陥りやすいのが、目の前の子どもの実態に応じた柔軟な対応よりも、こなしていく感覚になりがちなことです。保育の中での子どもの育ちや活動がどのように継続的に保障され育ちを支えていっているのかという育ちの道筋と活動のつながりの関連性をとらえる意識が薄れがちになります。

　またそのときの保育の振り返りでは、気になる子どもへの対応や、全体として保育計画のねらいが達成されたのかにどうしても目が行きます。問題なくこなしている子には、それ以上に子どもの活動を発展させていくための働きかけよりは、ねらいに至るまでの援助が必要な子のほうにかかわって終わり、になりがちという課題が生れます。また盛り上がって、やって終わりを繰り返すことにもなりがちです。子どもの経験がどのようにつながっていったのか、それは過去のどのような経験が生きたのかと生活の中のつながりをとらえていくことも時に大切ではないでしょうか。

　このような思いを持ったのは、ある園内研修にうかがったときに、お店屋さんごっこやお祭りごっこが展開されている中でどのように子どもたちの経験がつながって展開していったのかという流れを記録や写真を見ながら振り返り、各年齢における見通しを話し合う機会を持ったことによります。

　欧米の保育でよく行なわれるプロジェクト型の活動では、ある保育者が子どもたちに経験させたい価値ある主題が決められて、その

話題ではどのような活動に発展するだろうかと保育者たちが事前に予測し、1、2週間あるいは活動によっては数か月なされていきます。この方法と、日々の生活と子どもの主体的な遊びを中心とする日本の保育でよく行なわれる保育実践には違いがあります。

　子どもたちは町のお祭りを見てくると再現し、お祭りごっことしてさまざまなお店作りを始めます。すると前に遊びとして行なった金魚釣りもその一連の中に表れます。先生の予想にはなかったことです。その一方で先生がこんなものができるかなと思って出した素材を子どもは違う見たてで使って新たなものを作ったりし始めます。4歳の担任は5歳のお店屋さんの活動との関係を考えながら、4歳が5歳の活動を見ることでさらにお店の物作りでも刺激を受けられるように意図しながら、コーナーでの環境からクラス全体へと広がる活動をされていきました。また皆で経験した後にやりたい子が自由に経験できる環境を準備したことでさらに活動は継続していきます。お店屋さんを楽しんでいた子が、買い手にもなりたくなり「今はお休みです」の看板を立てる工夫も始めました。このお店屋さんごっこの経験は年間を通して繰り返しながら発展していきます。その園では、ごっこ遊びの変化だけをあらためて取り出して振り返ることで、この時期の地域の活動への参加や異年齢から刺激を受けることで、子どものごっこ遊びの質も変化するだろうという見通しを先生たちが共有されていきました。繰り返しの中で子どもたちは活動の質をみずからの創意工夫で高めていくことができます。そのための振り返りをしてみることも、園の保育課程・教育課程と活動のつながり、連続性を高めるひとつの契機になるでしょう。

②本物だからできる探究

伝承遊びを通じて

　冬には、お正月遊びとしてカルタやたこ、羽根突き、こまなどさまざまな経験がなされます。それらはしぜんと子どもの育ちにとって必要なことが身につく機会になります。こま回しの実践。どれぐらい長く回せるかを競い合う姿が見られるようになります。その中にいろいろなこま作りへの工夫、回す場への工夫、回し方の工夫などが生まれます。こまはシンプルだが多くの挑戦ができる、文化の中で受け継がれてきたかっこうの教材でしょう。ある園では偏光板のような用紙でこまを作りました。「虹のように見える」「何色に見える」「この角度からだとこのように見える」と、子どもたちがどんな色にこまが見えるかを姿勢や位置を変えながら語り合い始めました。競争ではなく、協働でこまが回る姿をじっと見つめる姿が生れていました。これはどのような素材でこまを作るか次第といえるでしょう。

　そこで子どもたちが究極で求めるのは、回っていないように回るこまの美しさです。子どもたちは回ることの美を感じ始めます。大量生産の輸入品のこまが安価に手に入るようになってきました。しかしそれらの中には、確かに回るが、きちんと芯が中心にあって「回っていないように回る美しさ」を味わえないこまも出回ってきています。子どもたちは正直です。いろいろなこまを準備しておくと、その美しい回転をするこまと、傾いたり芯が1点からそれてしまったりするこまの差異がどこにあるのかを探究し始めます。子どもはこま作りや、仲間とこまが回せるという遊びの楽しさから、さらに

一歩高みに行き、物事の真理を幼児なりに極めていこうとする真剣さが見られます。

　学びが生まれるためには、良質のこまとの出会いが必要です。子どもだからこれぐらいでよいではなく、こまを極めていく中に、手作りのミリ単位で精緻に作られたものの品質も知るようになります。またこま回し名人の技に触れることで、自分たちとは違うさまざまな形態のこまや回し方、巧みさ、技とは何かにふれるようになります。

　児童文化財として伝承されてきているカルタでも、たこでも同様です。大事なことは、そのこまがどれほど良質で本物なのか、こまならこまの活動の奥行とはいかなるものかを保育者自身が知っていることでしょう。実はそれが、どの子にもひとりひとりが工夫してかかわっていくことで自己発揮できる機会、ひいては子ども理解につながっていきます。

　教材研究という言葉で言われることは、素材、教材と子どもがどのようにかかわっていくのか、本物であればどのように極めていく多様な道筋があるのか、それぞれの子のかかわりの多様性を知ることだと思います。子どもが日々出会う教材、素材の中には安価なもの、上等なもの、いろいろなものがあります。しかし、その活動の広がりの多様性を知り尽くし支援していく保育者と、指導計画にあるので当該時期にそれを出して活動すればよいと思う保育者では、子どもができる経験に大きな違いが生れます。小学校以上の教育では教科書で一定の幅の中にその内容は定まりますが、保育はそうではありません。だからこそ、本物だからできる探究の可能性を園の保育者たちが共に探究し共有することが求められるのではないでしょうか。

③園ならではの豊かな言葉の使い手を育てるために

言葉の育ちと聴く力

　2011～2012年度に全国国公立幼稚園長会がなさった「遊びや生活を通して、子どもの豊かな言葉をはぐくむ調査研究」にかかわらせていただきました。その研究にかかわらせていただき、乳幼児期において培いたい言葉のあり方を私なりに考えてみました。

　それは語彙や文法が正しく使えることだけではなく、他者と場や感情、思考を共有し相互に高め合ったり広げていったりできる能力です。状況に応じることが重要な観点になります。コミュニケーション、コミュニティの接頭辞「コミュニス」の原義は「共有、分かち持つ」ことです。

　まずは五官の感覚を通した擬音語が擬態語による共振、共鳴の経験でしょう。「ジャリジャリ」「ぼこぼこ」などの言葉を、子どもは共感覚的に感じることで物の特性を知っていきます。またその物との一体感を感じます。また保育者と「ニュルニュル」「コロコロ」といっしょの動作をし相手と息の合った動きや「どうも」「どうぞ」とやりとりの間合いを感じ取って応答的な感覚を培っていきます。そしてその中であるものに成り切る、成り込むことによって「＊＊レンジャー」「＊＊＊姫」になったり、ごっこ世界で演じつつ語る言葉が生まれたりします。まさにそのひとつが口調や動きのものまねでもあります。また他者との一体感覚から、からかいやふざけ言葉も生まれてきます。意図的に「オシッコー」「オナラ」などの言葉を発して見つつ相手のようすを見たり、笑い合う姿。また「オナスオナス」「オベベオベベ」「オテテオテテ」などのつながり合う言葉遊びも生まれます。ここに

は伝えるべき相手「宛名」が生れています。またその一方で、他者とのモノや人、ことを巡るぶつかり合いが生じることで、解消の交渉のすべ、主張し時にはもの別れし、時には折り合いをつけたり、切り替えを図ったりといった言葉を習得していきます。子どもが交し合う言葉の中であらわれる、「ね」「ねえ」「なあ」「よ」といった宣言や主張、同意、一体感などを生む終助詞、「てことな」「いい(か)？」「てことにしよう」「…したら」などと共に賛同や同意を求めたり、「なんで」「どうして」と尋ねたり、「でも」「だって」「けど」「ねん」「やし」という理由を語り、そして「じゃあ」「まあ」「そんなら」「もう」と折り合いをつけて、「さあ」「よし」「じゃ」と場面を切り替えていきます。同年代の子ども同士だからこそ発し、相互にやりとりの方法を感情も含めて学んでいくのです。

　またこうした対人関係の言葉と共に、科学的推論の言葉として、「…みたい」「たぶん」「かもしれない」「だろう」「…してみたら」「もしかすると…」「だから」といった思考の言葉もさまざまな遊びの中で生まれていきます。それは教育の意図を環境に埋め込んだひと、モノ、ことが豊かに子どもたちのためにしつらえられた園環境だから生まれていく言葉といえるでしょう。

　早期からの文字指導や英語指導などではなく、直観や実感という感性に裏づけられた言葉、モノに触れて培われた深い思考が表れた言葉、異なる考えを持った他者に対して、相手を思いつつ進めるコミュニケーション、こうした言葉こそ乳幼児期に育てたいものです。その言葉を聴き取る保育者の聴く力が今問われています。聴く力が子どもの言葉を培う原点になります。

④本物の文化につながる活動サイクル

保育の質を高める研修とは

　ある園を訪問したところ、その日はストリーテラーの方が来られるとのことで、子どもたちといっしょに、その方の語りや手遊び、絵本の読み聞かせを拝見することになりました。2クラスの子どもたちが前に敷かれたマットの上に座ります。初めは落ち着きなく座っていた子どもも、テラーの方のお話が始まると一気に集中しはじめるのがわかります。その方のしっとりとした語りと、少し長めの絵本と手遊びなどいろいろな組み合わせによって緊張と弛緩のリズムの中で、子どもたちは退屈することなく、友達と笑い合いながら参加していました。年齢ごとに、その日のお天気や子どもたちのようすを見て、その方はどのお話や手遊びにしようかを決めながら進めると話されていました。その方の語りの時間には保育者たちもいっしょになって話を聴いておられます。

　園長先生にうかがうと、特色ある教育等をするためのひとつとしてその方の読み語りがよいと思って学期に一度招かれているとのことでした。最初は教育委員会の人に、先生たちも読み聞かせや手遊びをするのに、なぜ講師への経費が必要なのかと訊かれたそうです。しかし園長先生は、実はそのお話を聴く場こそが、先生たちにとってのひとつの研修にもなる、日ごろのものとは異なるものだとわかってもらうのには時間がかかったといわれていました。実際にその場に立ち会うと、長年のプロの技にふれることは、若手保育者にとって子どもたちへのお話の場や語り方を学ぶ場であるとともに、自分のクラスの子どもたちが何をどのように楽しんでいるのかを、創

り出す身体ではなく、かたわらから子どもの楽しみを味わう身体で考えるよい機会となってもいました。先生も子どもも学ぶ場を園長先生自身が大事と思って設定されることが、より高次の質の園の暮らしを生み出していくと感じました。しかもこの園での特徴は、それを一度切りのイベントとはせず、学期ごとに繰り返したり。年齢ごとに繰り返していくサイクルを創ることで定着させていることです。

　同様に、農作業でも植物や虫のことでも、その道の専門家をお招きしていろいろな場で園の文化を超えて、さらに大きな社会の文化の中に活動を位置づけておられます。それらが、日々あたりまえに行なっていることをあらためて見直していくひとつの機会になるのではないでしょうか。また時にはその専門家のひとりに、保護者がなることもあれば、当該地域の人がなることも大切でしょう。いろいろな方をお招きする活動はいろいろな園でも見せていただきます。しかしそれが園の中で継続的にサイクルとして根付くようにしていく見通しを持ったり、それを機会に振り返ったりすることが先生たちの研修ともなるように意味や価値を与えていくことで先生たちの意識も変わってくるでしょう。アメリカの教育学者ジョン・デューイは『民主主義と教育』の中で「教育とは直接的な経験から出発し、これをたえまなく再構成・拡大深化してゆく過程である」と述べました。園での日々の生活から社会の本物の活動へとつなげ、再構成したり拡大深化させたりしていく道筋を見通すことが、園の活動の質をより深めていくことにつながるのです。

⑤城戸幡太郎「共同的生活」に学ぶ園の暮らしを

倉橋惣三と城戸幡太郎

　新入園。新学期の園生活が始まる4月に、園の暮らし、生活としてどのような暮らしを理念として考えイメージするのか、これからの保育を考えていくときに「生活」概念をあらためて考えることが、大事だと思います。

　「生活」ということでは「生活を　生活で　生活へ」という言葉で象徴される倉橋惣三が、よく引用されます。彼は幼児期の生活が、「自発的な生活の内容を尊重し、子ども同士の相互的生活という方法によって自由に発揮する機会をあたえること」(宍戸健夫,1984)でより高次の生活へと発展するとしました。そこでは幼児期の特質を考えた生活論が語られています。

　しかし、生涯学習の基盤としての保育、幼児期から児童期への移行を射程に入れたときに幼児期の生活がいかにあったらよいかを唱え、現在の幼児教育の思想にもっとも示唆を与える集団的保育の意味を唱えたのは、城戸幡太郎の「共同生活」という幼児教育論ではないかと、あらためて彼の論を読み直して思います。彼は、子どもの生活を大人の生活としての共同的生活へとどのように発展させていくことができるのか、それを子ども自身の力でできるようにしていくためにはどのような指導が必要であるのかという道筋を「共同的生活論」として論じています。彼はコミュニティとしての教育協同体に向けて子ども集団を発展させることが、新たな市民社会の育成につながると考えています。また生活は道具の発明と利用によって発達するからこそ、作業教育としての労働を通して技術を身につける

ことの大切さを「子どもはこれらの道具を使用して遊ぶことによって、子どもの遊びは道具の機能によって生活化され、技術化されていく」としています。

　自由に遊ぶ中でも、家を作ってみようとすればものさしやのこぎりや金づちなど木工道具が出てきたり、イチゴのジュースやアンズのジャムを作ろうとすれば包丁やミキサーなどの道具と出会うことになります。色水から何かを染めてみようとなれば、染めるための鍋や桶を使用することにもなります。それが本物の衣食住の生活へとつながっていきます。

　ある障碍者施設に、園の子どもたちが訪問したときにもいちばん最初に彼らが興味を持ったのは、人よりもまずそこにある道具でした。水道工事の人が来ればその人と同時にその人たちが使っている本物の道具やユニフォームに子どもたちは惹かれていきます。これは文化へ参加する市民としてのあこがれの道筋です。四季の中で、地域のさまざまな人との出会いを年間のサイクルを通して、園生活を経験していく数年間の繰り返しの中で、相互にあこがれを持ちつつ生み出していくところに子どもたちの生活はあるのではないでしょうか。そこでの仲間同士の協力を、精神論ではなく実際に問題解決に向き合って道具を使い生み出していくことの必要性を城戸は説いています。

　子どもたちにどのような生活を園で保障しているでしょうか。生活は毎日自明のことだからこそ流れていきやすいものです。保育の量拡大が叫ばれる中で、より豊かな生活をひとりひとりの子どもが日々積み重ね、その暮らしが大人になってからの幸せな生活につながるものであってほしいと祈りにも似た思いで願っています。

⑥「見て　見て　保育」の地域の輪を

地域を巻き込んだ新しい研修の試み

　団体や研究会主催の大きな会に参加することで、日ごろ園の中では思いつかなかったような実践事例にふれることが可能となります。また一方で園内の研修のあり方については、ワークショップ型と呼ばれたりする園の中での研修の方法が進み、研修のやり方への工夫が次第に充実してきています。しかしこの中間に位置するような、園間の地域ネットワーク研修もまたこれから私立幼稚園や民営保育所でも構想されていくことがとても大事です。それを担うコーディネーター育成も大事と感じています。なぜなら、私立では人事異動、転勤という経験がほとんどないので、園の中での保育実践の刷新や振り返りのみではどうしても限界があるからです。

　全国私立保育園連盟の片山喜章研修委員長から、先生が神戸で始められた「見て　見て　保育」の試みをうかがい、とても興味深く感じました。4園ほどの園の園長先生たちが相互に相談し、園の日常の保育を交互に開き合う。残りの園の1～2名の保育者を派遣して見合い、語り合うという試みです。公開保育、保育参観といった堅い方法よりもよりやわらかく「見て　見て」と言える関係を創り出すことになります。年に1～2回それぞれが開くと先生たちも「次はこのように」と次へのアイディアがわきます。またどのクラスを見るかも互いに決めておくので一度にクラスを見る先生が多くなることはないので日常の保育を維持しながら相互に学び合うことができると話されていました。

　またもうひとつはその中で地域の保育者養成大学の若手研究者を

招いて継続的に実践をいっしょに見ることで育ち合う関係をつくっていくということです。このようにして地域の中で保育コーディネーターもかかわりネットワークができていくことが重要になるでしょう。

　もし懐の深い園長先生がおられるならば、これは保育所だからできる、相互に競争相手である私立幼稚園、公立園では無理ということではないはずです。少し地域の輪を広げ、それぞれにかけがえのない独自のよさを持った園ならばそれを生かし合い相互に見合うことで、プラスになることも多いはずです。それによって地域の保育の質全体が上がっていくことこそが大切なはずです。また幼保の壁もこのような小さな輪がひとつずつ確実に広がることで、高め合いながら相互の文化を大事にすることもできるはずです。それこそが施設制度の壁を越えた草の根からの保育の質向上です。

　私は3歳からの公教育が大事だと思っています。乳幼児期には個人差も大きく、また家庭教育の比率も高いからこそ、家庭の事情や個性をいかした多様な選択ができることは重要です。だが公教育とはすべての子どもに等しく公的な投資が投じられ、専門家としての研修を保障された保育者が一定の教育の質を保障するものです。地域の小学校以後の教育とのつながりが保障されるものでなければなりません。そのためには、相互に質を高め合う、気軽な輪としての見て見て保育の関係を築いていくことが大切です。そしてその「見て見て」には小学校の先生も入ります。そのためには園長先生や校長先生の柔軟性と開かれた心と慎み深く学ぶ姿勢が園の保育者と子どもに必要という理念が求められているのです。

⑦遊びの充実に向けた環境工夫の条件

4つの視点と8つの条件

　このテーマでの講演を依頼され、あらためて遊び環境の充実のためには、4つの視点、8つの条件があると思いました。まず、その4視点とは「課題や活動」「空間」「素材や道具」「時間」です。

　第一には、課題や活動を行なうときに、子どもの主体的な関与や決定と、保育者の意図性の両面のバランスです。適当な環境であり適当な活動になる塩梅（あんばい）が大事です。子どもが主体的に関与し、決定し自分で始まりとしまいを付けられることとともに、子どもの遊びが発展していくように常にそこに挑戦的な要素が含み込まれるよう、保育者が子どもの興味・関心への見通しを持つと主に、保育者自身もまたその都度共に探究できることで環境の共同構成ができることがとても大事です。近年ヨーロッパの保育では挑戦的要素ということが主張されていますが、子どもの持てるものを十二分に伸ばす保育を、園生活に慣れ親しんできた5歳後半に保障できているのかという点がひとつの論点になっています。

　また第二には、5領域のバランスによる多様な興味・関心ということです。各園の創設の理念と独自性と共に総合的な活動の中でのバランスによって、さまざまな子どもの活躍の場が保障できるでしょう。また第三には、遊びにおいてイメージの共有を形成できたり協働を可能にする場が物理的にできたりしていることが大切です。そして子ども自身がそれを自由に作り替えたりして、わがものとして大事な場にできることが必要であるでしょう。環境構成のときに、子どもの次の動線が見通されて物や場が構成されることが、先回り

になってはなりませんが、行動をガイドするうえでは大事です。また第四には、そのときにその場に置かれたものが、自由に自分で使えるような使いやすさや子ども目線の配置、子どもの思いによって毎日しまったり出したりだけではなく、少し取っておけたりできるそうした空間が保障されているかが大事でしょう。

そして環境内の素材や道具について、第五には、多様性として選択にバリエーションがあることと物自体が組み合わせが利く構成できること、また第六には、量の可変性として、時期に応じて、時にひとりひとつのときや協働が生れるよう少なくするなど考慮することで、安心と仲間とのつながりや役割が生れるように設定できることです。そして環境における時間軸に関して、第七には、子どもたちの活動の軌跡、継続した展開が残されていたり、子どもたち自身でその場や活動に名づけが生れたり、振り返りができることで皆での一体感を持てること、しかしまた一方では、第八に刷新可能性として、その環境をまっ新にして空白にすることで新たなことを始めたり、新たなつながりが生まれるようにできる環境も重要です。

またこうした意図的な環境と同時に、安全性の確保として、ヒヤリ・ハットを回避できるかどうかをいつも意識できていることが環境への意識においていうまでもなく大事です。環境は図柄と背景でいえば背景になります。しかしその土壌の耕しこそが豊かな遊びを保障するといえるでしょう。

第二部　未来にむけて、変わるものと変わってはならぬもの　75

⑧絵本世界との出会い

絵本と出会う環境の工夫

　日本は他国に比べて良質の絵本を戦後数多く出してきた国です。それが子どもたちの本好きを生み出してきたことはまちがいありません。良質の絵本の出版が、家庭だけではなく園の保育にも大きな影響をもたらしてきました。園には、現在では必ず絵本のコーナーがあり、園によっては絵本の部屋があったり、地域の公立図書館に借り出しに出かけたりすることもあります。そして保育者は絵本を読み聞かせ、子どもたち自身もまた自分たちで喜んで絵本を手に取り自分たちでも見て楽しんでいます。しかし、筆者も研究チームのひとりとして参加させていただいた㈱ベネッセの2010(平成22)年度からの約5,000人の3～5歳の保護者を対象に収集された『幼児期から小学1年生の家庭教育調査』結果によれば、3、4、5歳と絵本を家庭で読み聞かせてもらう比率は下がってきています。読み始めが早い人ほど幼児期になっても読み聞かせ頻度は高いようです。多忙な母が乳児期には読んであげていても次第に子ども自身が読めるようになると任せてしまう息切れ状態が生まれているのかもしれません。だからこそ、園で幼児期に十分に絵本をいっしょに楽しむ経験を保障したいと思います。それは親子で楽しむのとはまた異なった経験です。

　園の絵本環境を見せていただくといろいろなことに気がつきます。絵本があるといっても、子どもが手に取って見やすくなるように表紙が見えるように並んでいる絵本棚と、棚にたくさん詰め込まれた絵本棚、子どもがそのとき夢中になっている事物と共にその脇に絵

本が置かれていたり、日々順に読んでいるシリーズの絵本が並んでいたりと、絵本を絵本だけではなく、1日の、あるいは日々の連続のつながりの中で位置づけられて置かれている園もあります。きっとそうすると子どものうちだれかが手に取ってみるでしょう。するとその脇に友達が寄って来るといったようにして広がっていきます。また園によっては、絵本の1ペイジがトイレの中にそっと飾られたり、廊下の額縁にお気に入の挿絵が入れられているところもあります。また書棚の脇に、本が並ぶときれいに入っているときの写真が置かれていたりもしていました。

　また市販絵本の脇に子どもたちの自作の絵本もいっしょに置かれていた園もありました。絵本は買ってくるものだけではなく、子ども自身が作家になる経験も含まれます。アメリカの研究者に見せてもらった写真では、子どもたちが行なった出来事の写真が並べられたポートフォリオのように絵本として作られているので、登場人物に私がなり、それを読み手である私が眺めて出来事を振り返る絵本も絵本コーナーに置かれていました。

　どこの国でも読書経験にはジェンダー差があります。北欧の国などでは男の子が楽しめるよう、物語絵本だけではなく、科学や乗り物、スポーツ絵本が手に取りやすいように意図的に配列されていたりするところもあります。すべての子どもたちが絵本にふれ、絵本世界を楽しみ、読み手や作り手になり、時にはそのファンタジーが遊びに広がる経験を保障することが、デジタル社会になっても園の暮らしには必要でしょう。それは、情報と本の違いを人生早期にきちんと伝えるメディアリテラシーでもあるのです。

⑨被災地幼稚園に教えられたこと

被災地での育ちの保障を考える

　毎月大学で行なっている保育の研究会に、福島めばえ幼稚園(関章信園長先生)の先生方にお越しいただき、石川直己先生から「体育教師から見た放射能汚染環境の保育」というお話を伺う機会を得ました。福島市内にある園は原発事故汚染の影響を受けている地域です。汚染ということで戸外活動が制限されただけではなく、避難していく家庭ととどまる家庭の別離、とどまる家庭の中でも食品や戸外での活動への不安など親子共々心理的に不安定になる中です。初めて経験する試練の連鎖と園児数の減少の中でも、専門家だからこそ知恵を出し合い、園の先生たちが協力し合って力を発揮できる体制を生み出されてきました。その尽力が子どものすこやかな育ちを確かに保障していくことを学ばせていただきました。

　石川先生のご報告の中心は、戸外活動ができない中でホールや保育室内にどのように保育環境の工夫をされたかです。砂遊びの代わりに小型の積み木や粘土などでの感覚遊びの保障や、おしくらまんじゅうや二人三脚などで人がふれあう遊びを工夫されたり、大きな動きが出る遊具を用意され達成感を持てるようにゲームや粗大運動を多く取り入れ、子どもたちが挑戦していく遊びをいくつも工夫されてきました。その参照枠として幼児期に必要な84の動きが保障されているかを考え、クラスや個人の運動計画をたて保育を体育教師としてされてこられました。当該園では被災前から運動能力測定をされてきていたので被災前後で比較ができました。震災後データを比べても全国平均よりも高い能力を保持しておられました。被災し

ていない園でも、これだけの必要な動きを引き出す環境が保障できているかとあらためて考えさせられました。また自園だけではなく近隣の園にも伝えられ園を超えて知恵を分かち合っておられます。

室内にホールを始め一定の広さが保障されることの大切さが万一外に出られないときも考えるならどの園でも求められると感じた報告でした。かつ特定の体操教室のような時間設定だけではなく遊びの中で身体の育ちを保障していくあり方は被災地の問題だけではなく、だれもが考えるべき保育の質を示しておられました。

それでも水や泥、砂、そして戸外経験ができません。子どもたちが戸外に出られるようになったときに「土のにおいがなつかしい」「太陽ってまぶしい」と呟いたとうかがいました。風や水、砂や太陽のあるもとで暮らし、生活者として自然と共に共生していくことの大切さを、時に被災地以外のところでは保育者が慣れっこになり時には鈍麻させているかもしれません。しかし霜柱や雪が溶けたり積もったり、風の冷たさや温かさの変化を感じる経験こそ、どの園もできるからこそていねいにそれを言葉にして共有すべきことです。

汚染地域の園児たちはこの経験を奪われる時期を経験しました。それがその後どのような影響を及ぼすのか、私たちは重く長く共に考え見つめていかねばなりません。そして今も、被災地で保育に懸命にあたっておられる先生や園を支援し続ける体制を作っていくと同時に、「支援する――される」関係だけではなく、困難に向き合い生み出された保育の専門家としての知恵をだれもがわがこととして深く学ぶことが大切なのではないかと思います。

⑩被災地の幼稚園の姿に学ぶ園庭の意義

未来へ禍根を残さないために

　大学で行なっている保育の研究会で、福島めばえ幼稚園の先生方から、被災地での園児や保護者のようすについてのお話をうかがう機会を得ました。この3年間毎年1月にお話をうかがっているので年々の変化がわかります。それは、被災地の状況を知るということだけではなく、私どもが日常あたりまえと考えている保育の中にある、経験の意味や大事な価値に気づかせていただく機会ともなっています。不可避的に生じた苦難に対峙しながらも、子どものために少しでもよりよいものになるよう専門家としての智慧を絞っておられる姿です。子どもの動きをよく見てよりよい場を考える体育専門の先生、保護者対応をもっぱら引き受けている主任の先生、被災以後に就職されたので、子どもの戸外遊びについて詳しくわからない若手の先生、それを支える中堅やベテランの先生など皆さんがそれぞれ自分の専門性を生かしてチームで子どもたちの力を引き出している姿です。その専門性を生かした探究の中で、だれもが生き生きと取り組んでおられる姿には園の研修や研究とは何なのか、その根源の本質を見るようで胸を打つものがあります。

　前年は子どもたちが1日30分しか園庭に出られないためにその中で体力、運動能力が落ちないようにするために、㈶体育科学センターが提出された84の動き（84の基本的動作）をもとに子どもたちの動きを考えられ、本年もまた投げる力や瞬発力などを高めるためのさまざまな環境の工夫を見せてくださいました。

　しかしこの園が大事にしている経験は運動のみに特化しているの

ではありません。除染によって戸外に出られるようになりました。しかし２年間戸外で十分に遊ぶ経験を持てていない子どもたちは、砂場でもひとりで砂場の感触を楽しむような通常なら３歳くらいで行なう遊びを５歳でもまずは始めるところから始まったり、ブランコでもひとりで続けてやりたくなり番交替をしたがらない、動きのぎこちなさや転びやすさ、虫にもこれまでふれてこなかったので虫を見ると殺そうとすぐに動くなど、それまでの５歳では見られなかった姿が、戸外経験ができなかったことの蓄積として現れてくることをご報告くださいました。そこからは毎日の遊びの積み重ねの経験が子どもに何をもたらしているのかをあらためて教えてもらいました。日ざしや風、緑などの自然から季節感を感じ生き物と出会い、身体を動かして遊ぶ経験がいかに大事かです。五感や感性を育てるのに園庭という場がいかに機能しているのか、子どもはさまざまな経験を通してトータルに育っていくことが伝わってきます。園の先生が「運動能力や技術は経験で回復するが、感覚を獲得するには段階と時間を要する」と表現されたのが印象的でした。

　園庭のない保育所は数多くあります。新幼保連携型認定こども園では名称も「園庭」と変更しても、旧来施設は運動場、屋外遊技場から名称を変えないと担当行政官は答えられました。感覚を獲得できない子どもを多く生み出す責任をその人たちが取ってくれるのでしょうか。被災地の経験から私たちは学び、未来の子どもたちへの禍根を残さぬよう、「園庭」での経験をすべての子どもたちに保障したいと願っています。それは仮に代替地であってもビル中保育であっても智慧によって保障しなければならないのです。

⑪なることによる学び

幼児期の学びの特徴を語ることの必要性

　幼児期にはさまざまなごっこやファンタジーの世界に浸り込み、あるものにみずからがなる活動が盛んに行なわれます。本気で夢中になってなり切れるのは幼児期の特権でしょう。もちろん、大人になってからも演劇などで役になり切ることはあります。しかしそれはその役だけです。幼児期の「なること」は、役になるだけではなく、それによってさまざまな学びをもたらしています。

　忍者になったり、探検隊になったり、時には動物ややまんばにもなったりします。日常生活の中の大人のだれかになるだけではありません。絵本や映画、アニメなどの影響が強くなっています。ファンタジーだからこその世界にこそ、もうひとつの自分になってみることのできる願望が込められています。そのものらしくふるまおうとすることで、日常の中では行なわないようなさまざまなふるまいや技を試みようとします。

　そこで、まずモデルをよく見ることが生まれます。神秘性や新奇性、審美性があるものに子どもは惹かれるからこそ、かっこよくそれらしくなれるのです。しかし実際には、そっくりにできないからこそ、そこにオリジナルな工夫が生まれます。水族館でクラゲを見た子どもたちが、最初はクラゲの動きを始めましたが、よりもっともらしいクラゲになるために、テープでスカート状の足を作り、さらにはそのスカート状をどのようにまとったらよいかと試行錯誤しながら最終的にそのスカートを首まで持ってくることでクラゲらしくなっていく過程を見せていただきました。また忍者になってみて

跳ぶ術をするのに、縄跳びの術など自分の身の回りのものからいろいろな工夫をし発明をしていきます。また忍者になり隠れて見ると目線が変わるので、日ごろから遊んでいる園庭でも、地面の起伏や地面近くの草にあらためて気づいたりと、環境に対する新たな発見を生み出していきます。

　また、そこにその世界固有の道具や道具の特性に関心を持つようになります。本物の道具は複雑に作られているから、子どもはそれを作ってみたりするために、新たな挑戦が始まります。本物でないものを活用するからこそ、創意工夫が生まれ、創造への自信と気づきが生まれていきます。そして、仲間が魅力を感じて「入れて」ということで、役が発生し、集団のなり切りコミュニティを創り出し、新たな物語が生まれます。

　小学校以上の学習では、「＊＊を学ぶ」と対象を明確にし、目的に対応した教材を準備します。そして、その対象と学ぶ主体を切り離してとらえ、その知識や技能の習得を評価しようとします。それに対して、幼児期の「なることを通した学び」は、文化的な実践であり、環境そのものの中で、技やものに有機的に出会うことで、それをそのまま習得するのではなく、そこから自分なりの表現を生み出そうとする過程でも学びが生まれます。学びを深める過程で、自分たちが主役となる新たな物語が生まれていきます。

　保幼小連携やそのカリキュラムが整えば整うほど、こうした「なること」による学び、身体的同化を通した学びが軽視され、対象を異化した客観的な習得としての学びが語られがちです。私たちは幼児期固有の学びの特徴を語っていくことが必要ではないでしょうか。

⑫乳児における保育の質

声なき声をどうくみ取るか

　いろいろな地域で、待機児童対策で保護者が自治体に要望書等を出す動きが報道されまた待機児童の定義の違いなども議論を呼んでいます。ある会議で「コンビニエンスの数ほど、保育所を」という政治家や事業者さんの声も私は聞きました。量の拡大は働きたい保護者のニーズであります。けれども、その声はイコール子どもの声と同じでしょうか。ひとりひとりの入所する子どものニーズを声なき声を私なりに代弁するならば、「僕たち私たちすべてが、園での生活において、家庭あるいはそれ以上の質を持った保育の場所で落ち着いて過ごしたい」であり「僕らは一定時間は集団で過ごすのは楽しいが、でも保護者といっしょに家庭にもいたい」という声ではないでしょうか。子どものすこやかな育ちにとって、質の保障された場で、しかも乳児期には一定以内の保育時間の中でということが議論される必要があると思います。これは育休の保障されたヨーロッパ諸国や待機児童のいない国では生まれない、わが国固有の議論としてとらえられるべきことがらです。

　では乳児期のわが国の保育の質をどのように考えていくことが求められるでしょうか。乳児の保育の質を議論するときに出てくるのは、かみつきや引っかきの件数の増加や乳児事故発生率等のデータです。2013(平成25)年の日本発達心理学会で京都華頂大学の西川由紀子先生のご研究の発表によれば、1999年の規制緩和前、2004年までの条件激変期、2005年以降の規制緩和後を見ると、かみつきにかかわる報告語数は1998～2004年に大幅に増加し、その後横ばいにあ

ることが示されていました。子どもたちが落ち着いて暮らせない保育空間が規制緩和や量拡大や、保育時間延長の動きの中で生じてきたことが明らかです。

　保育士ひとり当たりの子どもの数、ひとり当たりの面積から見ると、日本はＯＥＣＤ（経済協力開発機構）加盟国平均に比べ乳児においては低いわけではありません。幼児におけるひとり当たり35人の多さはＯＥＣＤでもっとも多いのです。しかしグループサイズを決めている国はありますが、日本にはこの規定はありません。したがって乳児保育において、上記基準は満たしていても広い場所におおぜいで暮らす園もあれば、落ち着くようにあるいは多様な動きや活動を保障するように、空間の仕切りを柔軟に時期に応じて変更したり、保育者の担当制のあり方や子どもが過ごす時間によっての動線を考えて環境の工夫を行なったり、子どもの情報を複数の保育者間で共有するために工夫をしているところもあります。比率と同時にグループサイズをどのように考えるかは大事な点でしょう。

　また乳児でも室内だけではなく戸外の面積基準も提示している国や州もあります。自然にふれることや運動経験などを考えるならば、乳児も安心して戸外で繰り返しかかわり過ごす場の保障は必要です。園との往復以外にも小さいときから四季を五官で感じる空間をどのようにつくっていくのかが考えられる必要があります。乳児期において保障されるべき保育の質は、幼児期にどのような園や家庭環境が必要かを明らかにするひとつの手がかりにもなるでしょう。有権者の保護者の声だけではなく、未来の社会を担う子どもたちの声を声なき声をどのようにくみ取るか、声を挙げていくのかを乳児保育の場でも考えていくことが求められています。

⑬フォトカンファレンスの魅力

見える化することで見えてくるもの

　研修会では、私は研修の参加者の方にもご協力をいただきながら保育活動や保育環境にかかわる写真を撮影して持ってきていただき、相互に見合い考えることをさせていただいています。「同僚の保育室を見ていいなあと思った環境構成を撮影してみよう」「子どもが夢中になった出来事の写真１枚をもとにして、なぜ夢中になったのかの出来事を語ろう」「保幼共通カリキュラムでの実践を行なった１枚をもとにしながらそのカリキュラムのどこにどのような意味を持つ実践だったのかを考えてみよう」などなどです。このようなお願いをして持参いただき小グループで語り合っていただくと、さすが専門家、さまざまな工夫をねらいやそのときの意図とともに語ってくださいます。そしてまたその中での話し合いも含めてご報告をすることで、皆で実践知を共有することができます。

　例えばごっこコーナー、ある園ではお人形さんのわきに、そのお人形さんの写真が仕切りの壁に掛けてある。「家庭でも子どもとの記念写真などが掛けてあったり写真立てにあったりすると思うので、ここでも子どもが家庭のような気持ちでごっこコーナーで経験できるといいなあと思って、このようにしてあるのです」というような話を聞くと、なるほどと思います。何気ない中に埋め込まれている保育者の意図を明らかにする試みです。

　またある園では壁面に毎月目標が０〜６歳まで順に見えるようにその月までの分が虹の形で４月、５月…とだんだん付け足されていくようにはられています。「子どもと共にそのときの目標を共有でき

るようにこのようなものを作ったのです」という話をうかがうと、大人だけではなく子どももまた目標を共有していく空間の工夫はどの園でもできることだと実感します。

またある園の環境写真では、積み木は集中できるように保育室の中心ではなく気が散らないようにイスを反対向きに置いてあるという写真を見せていただくと、写真1枚の中に、何があるかではなくどのような出会いの瞬間をつくっているのかが見えてきます。写真はむしろ、ある瞬間を止めて見せてくれるので、あらためて日常自明になっていることを振り返るには、適しているかもしれません。

では、写真による記録の魅力はどこにあるのでしょうか。心理学等ではビジュアルイメージを研究法として用いることの利点として次のようなことが示されています。①その場で生起した情動に焦点を当てた記録ができ、また視聴時にもその情動が伝わりやすいこと、②出来事が起きた場（setting）の空間や事物の関係が記録できることによって、何を経験したかだけではなく、どこでそれがどのように経験されたのかを可視化することができること、③心だけではなく身体経験としてどのような経験がなされたのかを見える化できること、④まなざしや視線、手の動きや姿勢などが物語る心理的な背景をとらえることができること、そして⑤ビジュアルイメージが記憶の想起としての過去とその写真を見ている現在とを関連づけて物語ることを可能にすることです。

現在と未来の二重の時間をつなぎだすことを可能とするフォトカンファレンス、限られた時間の中でみなさんも試してみませんか。

⑭保育者の学びと研修の体系

新しい研修方法の模索

　2013(平成25)年8月の公益社団法人全日本私立幼稚園幼児教育研究機構が主催する幼児教育実践学会で、「若い保育者を育てる保育評価の在り方」というシンポジウムに指定討論者として参加させていただきました。私立幼稚園の保育者の平均勤続年数は6.46年だそうです。ここには勤続30年、40年以上の方も含めているので、実質は5〜6年程度が平均です。ではなぜ保育者が退職の道を選ぶのでしょうか。もちろん個人的にさまざまな事情があるでしょう。企画者の福岡県行橋市のきらきらぼし幼稚園の黒田秀樹園長先生が「保育という営みに日に日に魅力を感じていけること、自分の願いや期待が保育に反映されていくこと、自分のアイデンティティが保育の中にあると感じ、今まで見えなかったことが見えていくようになることが保育の手ごたえや喜びになっていくのではないか」と話してくださいました。保育者の学びには、同じ園、同じ年齢だからこそわかりあえたりより深く考えたりできる部分と、むしろ園外の人や保幼小連携や外部講師なども入っての異質な人との出会いの中だからこそ、新しい事例や方法を学べる、自分のこともきちんと説明する必要が出て語りの力がつくといった両面があるように考えられます。要はそうしたことを意識してそれにふさわしい研修の内容や方法の研修を準備し組織する側が考えているかどうかではないでしょうか。

　園内研修ではビデオがいちばんよい、エピソード記述の方法がよいと、いろいろ園によりさまざまな考えがあるようです。しかし実際の実践を見るときには、あるひとつの場面をとらえる、1日を振

り返る、ある活動の展開を考える、ある子どもやクラスの育ちを考える、さらには毎日ある環境だからこそそこを考えるなど、それぞれ焦点とすることに応じてその記録のやり方もあります。そしてそれに応じて生まれる振り返りの観点や特徴も異なってきます。こうしたことを意識し、どのような経験年数の保育者とともにどのような研修がこの園やこの会には必要という観点から考えていくことが大切なのではないでしょうか。

　私は若手の先生が手ごたえを感じるためには、子どもの凄さが見えてくる場面や、あこがれてこんなふうにしてみたいという保育実践、保育環境を感じられる機会が保障される研修が大事であると思っています。元気が出て、展望が具体的に明日の保育としてやってみようと見えることです。またそれには、私でもやれそうとか、どうやったかちょっと聞いてみて私なりにアレンジしてみよう、この点で困っているから相談してみようというように経験年数の若い人だけで小グループでの集まりで感情を開示できる聴き合える関係の研修の場の保障もまた必要でしょう。

　若い人自身がみずからの有能感や効力感を感じられる研修の模索は、これからの日本の保育の未来を考える大きな鍵になるのではないでしょうか。

⑮活動の場のイノベーションと環境のデザイン

園内の流れに目を向けてみて

　毎日のことだからこそあたりまえになっていることを振り返ると、組織文化の刷新を少しずつしていくことができます。これは学校の組織文化のイノベーションの専門家が米国で近年実証データをもとにしながら言っていることです。保育者や子どもが毎日出会う環境や素材、道具だからこそ、その間の関係を変えてみることが活動を変えることになります。その場にいるメンバーの間のやりとりと保育室内や園庭等の場の物と人の間のインフラ構造の見直しが、人の活動を新しく方向づけるイノベーションになります。日本の保育の研修等では、保育者と子どもの間の関係、子どもと子どもの関係についてはよく議論されていますが、後者の点のほうが少ないように思います。つまり園環境としてそこでの人とものの出会いの接面（ひとりひとりが向き合う）を見直す議論です。何々が置かれているかどうかという基準や量の話はあっても、どのような出会いの基本構造がつくられているかという目で環境を見てはどうでしょうか。

　ある園にうかがったら、段ボールが一定の幅で切られビニールテープでつなげられた蛇腹が折り畳み式で本棚に入れられていました。それを子どもたちが遊びに応じて引っ張り出して立てて区切りにして洗濯バサミで留めて囲いにしたり、横に寝かして線路やクッション代わりに使ったりしています。同じ広さの空間でも区切りや座る向きによって、子どもの世界から見た空間は違ってきます。自分たちで自分たちの部屋を区切りながら遊べたり反対につなげたりできるのは楽しいものです。

またその場で育てたい内容や経験が準備されているかという面で見てみると違ってきます。ある園の乳児の保育室にうかがうとさまざまな感触を引き出すことができるようにと床の上に敷かれている布やマットの材質がいろいろ違っているように工夫されていました。また床面でも温度や光を感じられるようにとセロハンを使ったり、日向と日陰を感じられる工夫がされていたりする部屋もあります。毎日通ったり座っていたりする床でも、ちょっとした気づきから子どもの動きは変わってきます。

　またある園ではお弁当のふたが光に当たって反射し、壁にきらきら光るものが映りました。それを発見した子がいると、皆がいろいろお弁当箱や鏡、スプーンなどで試してみています。すると壁はあたかもスクリーンに映し出された光のように皆の注目を集めることになりました。

　動線、声の流れ、空気の流れ、物の動きなど、何がどのように動くかは目に見えません。しかし机とイスの位置や関係を変えただけで親近感も変わるように、いろいろなものが変わります。冬になり寒くなると、次第に動きは固定しがちです。

　でもそんなときこそ、園の中の流れに目を向けてみてはどうでしょうか。新たな環境と素材や物との関係のちょっとした変化を子どもたちが試すことができたときに、子どもも保育者もみずからを新たにする出会いの場に参加できるはずです。

⑯育ち合うコミュニティとしての保幼小連携になるために

子どもたちの育ち合いから生まれるもの

　2007(平成19)年度からかかわらせていただいてきた東京都品川区立第一日野グループの保幼小連携の公開研究会に参加させていただく機会を得ました。この間、私自身がその場で学ばせていただいたことは、数知れません。その中で私にとっていちばんうれしいのは、子どもたちが年齢を超えて相手のことを考える関係が生まれ、また保育者と教師の間にも相互に学び合える関係ができたことであり、それによって、相互に持てる力をさらに引き出し合い認め合い、今目の前にいない相手や未来を想像するという力が子どもも保育者や教師にも育つ姿を拝見できていることです。

　これを実感できるのは学校を超えた連携の強みのように思います。保育所で製作をしていた5歳児が作品を作りながら「おにいちゃんに交流のときに見せてあげよう」と呟いたり、小学校5年生の子が音楽をしながら「交流している5歳児のTちゃんに聞かせてあげたい」と語る複数の場面に立ち会いました。6年生に「3文字熟語を1文字と2字熟語、2文字熟語と1文字などを考えよう」という問題を出したら、ある子どもが「保幼小」と答えたといいます。目前だけではなく子どもの心の中に、交流した異年齢の子どもたちとの対話への欲求やつながり合った保育者と教師のイメージが生まれています。

　現代の子どもたちの関係は、学校の中でも学級別・学年別に分断され、家庭や地域でも同質の経済階層の同年代とは習い事等でも出会うことはあっても、相手を思って自分を抑制したり、言わねばならないことを相手にきちんと伝えなければ伝わらないことを学び、

他者と折り合いをつけることを学んだりする機会はなかなかありません。以心伝心の固定化した関係や大人の親切心がかえって子ども同士の関係を弱めることもあります。

　保幼小連携というと、縦につながるイメージが強いようです。積み上げられて上の学年や学校種にご迷惑をかけないようにとなります。しかし、実際には、保幼小のよさは組織の活性化につながり、網の目のようにさまざまな関係ができることです。

　コミュニティというのも、地域連携というような大きなことをふりかざすことではなく、クラス、学年、学校種という壁を超えて自己を開きつき合うことで新たな自分のよさや可能性を見いだしていく過程です。接続カリキュラムを創る、連絡協議会を創る、合同研修を行なうなどのことが幼小連携ではいわれます。それは実際に深くかかわったことのない研究者でもよく言うことです。それは基盤として大事なことです。しかしそこで見失ってはならないのは、成果物の形ではなく、それらを通して子どもや教師・保育者が学び合い育ち合う機会がつくられているかが、持続可能性を保障したり、スケールアップをしたりしていくためには大切だということです。

　これは実際に長年みずからかかわってきた研究者だから言えることです。日々顔を会わせている同僚だけでは言いにくいこともあります。しかし学校を超えていろいろな人が出会うことが鏡になって自分たちの弱みを振り返ったり、さらなる工夫が生まれたりしてきます。建物も違えば組織も管轄も違う中でも、子どもの育ちを中心にして保育者、教師、保護者がつながることで苦労も喜びに変え、忙しさもやりがいに変えていく輪が各々の地域の文化を生かしつつ増えていくことを心から望んでやみません。

⑰見守りと注意の境界線

保育のレパートリーを増やすには

　ある園での2歳児クラスのおやつ場面。先生がおやつと飲み物を配ると、子どもたちはおやつのビスケットを食べながらおしゃべりを始めました。ひとりの子がその中で「チェッ」と笑いながら言うと、隣の子も「チェッ」に応じて復唱します。するとその応答がうれしかったのか、また初めの子も「チェッ」を繰り返します。先生はそれを横目で見ながらおかわりのお茶を取りに行きました。と、その「チェッ」が隣のテーブルに伝播します。皆で口々に連呼してみては大笑いをしています。先生がいないせいか子どもの声は大きい。そのうち席から立ち上がって振り付きでやっている子もいます。子どもはそれでもそれにおかまいなしでふざけ合っています。と先生が戻ってこられました。部屋から出る前との保育室の空気の変化を察知しながらその先生はテーブルのかたわらに座りました。すると最初に「チェッ」を言った方のテーブルの子が「うるさいんだよ」と、隣のテーブルの方に向かって言います。「Aちゃんが静かにおやつ食べたいって言ってるよ」と先生がそっとささやくと、その騒ぎの渦は治まっていきました。

　どこにでも似たような場面ならあるでしょう。この短時間のビデオクリップを見ながら、子どものふざけや笑いなどを含め先生たちと話し合いました。先生たちにとって、こうした瞬間に注意するのか、見守るのか、次の一歩の対応で子どもたちの雰囲気は変わります。この場合には子ども同士の中での気持ちを尊重しながら代弁をすることで、穏やかにおやつを食べる場面へと先生は戻していかれ

ました。ここで先生が戻ってきてすぐに騒いでいる子を注意したら、また場の雰囲気は変わっていったでしょう。日々のこうした小さなやりとりが保育者から子どもにルールを教示するのか、子ども同士の中で感じたり考えたりしながら、おやつや食事のマナーをはじめルールを共有していくのかの場面になるように思います。ここでは「静かに」という行動だけではなく「他者の気持ちを考える」ということを先生は暗黙に行なっています。

　どこまでは見守り、どこではきちんと注意をしたり教えたりするのか。もちろんそれぞれの子や状況によって変わるわけですが、そのような場面で先生たちの保育観や意見は分かれます。「見守る」保育ということが日本の特徴としていわれます。だがその一方であるベテラン保育者は、「見守る保育、子ども中心の保育ということを養成校で教わってくるせいか、若手の先生はきちんと注意するところで注意したり叱れなかったりする先生が多くなっている気がする」と語られました。私はそうした境界線のグレーゾーン事例を語り合い、そこでの各自の判断と行動様式を語ってみることで園の保育観の共有が図られたり、行動レパートリーの引き出しが増えていったりするように思っています。

　ある園ではこうした出来事を4コマ漫画で表し3コマ目までを出して4コマ目を想像し語り合うという研修をされていました。日々どこにでもある中での境界線、話すのか黙るのか、見守るのか指導するのか、入るのか抜けるのか、状況の中での子ども理解と保育者の対応を皆で短時間でも話し合ってみることが、振り返りのひとつのきっかけになるのではないでしょうか。

⑱文化間葛藤の場としての保育

葛藤を乗り越えた先にくるもの

　2014(平成26)年3月21日～23日に第25回日本発達心理学会が京都大学で開催されました。そのときに国内研究交流委員会主催で標記タイトルでのシンポジウムに出席させていただきました。今はまさに多様な文化が混在し葛藤する場に保育(幼児教育)がなっています。その現実をつぶさに見ていくと同時にその葛藤を乗り越えていく可能性を探ることが今回のシンポジウムの主旨でした。外国に何らかの形で関連を持つ外国籍をはじめ両親のいずれかが外国人であるなどさまざまな子どもたち、また多様な障碍を抱えている子どもたち、貧困格差によってあえぐ子どもたちなど、マイノリティの子どもたちや保護者、それらを保育し家族を支援することを求められる保育者たち。また文化はそれだけではありません。幼稚園、保育所の文化の違いも幼保の合併統合であったり、また保育所の公設民営化等で園文化、施設による文化の違いであったり、またその間を交流移動する子ども、保護者、保育者にもさまざまな葛藤が生じています。

　文化間葛藤を考えたときに3つの段階が考えられます。第一段階は、多数派マジョリティの強い文化に少数派マイノリティの人が適応するよう求められ、そのための調整が働き、支援としながらも実際には制約やその人たちだけが別枠になって脱主体性が図られることです。しかし第二段階は、こうした人の声や外国籍、障碍、貧困、あるいは幼保連携接続などでもその各々の声や多様性が見えるようになり、対等性の保障、差異の中でも衝突や共通の言葉を見いだしながらそれぞれに形を変えてつながり合っていく段階です。そして

第三段階としては、お互いにそれぞれの強みや異質なものの出会いが持つ意味を考え、子どもを中核にした実践への参画の中でその可能性を考えていくことです。

　文化間葛藤は、相手の文化について知識や具体的イメージを正確に持てないこと、想像できないことからくることが多くあります。葛藤を感じる人々の内なるイメージや知識を変えていくためには、正しい情報の提供が必要です。またそのためには顔を会わせて語り合うこと、ある特定の子どもの姿を中心に語り合うことで見方を共有し、そこから相互の壁を乗り越えることが、具体的なイメージ、イメージを語る言葉、そしてそこから向かう未来像としてのヴィジョンを形成するのに必要であると考えています。

　葛藤を問題としてその問題を特定し原因を見つけ対応を考えシステム的に対策を取るという次元だけではなく、その人の強みを見つけそこから未来展望を形成しながら、これからもその葛藤を引き受けるという意志を持って共に歩んでいくことが、文化間葛藤を真の意味で超え、多様な文化が交差し衝突し合う中で育ち合いの文化を形成していくことにつながるのではないでしょうか。

　多文化化する保育の中で、見えない文化、聴き取られにくい声への配慮こそ、人生最初期のケアの原点ではないでしょうか。ケアされる人間こそがもっともケアできる人へと育つという相互循環性の中でこれからの保育を考えていくことが求められています。

⑲実践事例から学ぶ研修を深めるために

研修の中で保障されること

　エピソードや写真を用いて、子どもの姿をとらえ相互に対話する園内研修や協議会をしようとしておられる園は多いでしょう。ではどのような悩みを持ち、かかわっておられるのでしょうか。関西国際大学の椋田善之(むくだよしゆき)さんとともに、55園の幼稚園・保育所にご協力をいただいて調査を行ないました。その結果、園内研修などで難しいところは「協議会の時間の確保」「本音で話せない」「継続しても深まらない」「意見が出ず活性化しにくい」「実践につながらない」などの課題が出てきました。預かり保育などもあり、なかなかまとまった時間が取れない中でどのようにして短時間でも研修機会を持続的に持つかは園長先生や主任にとって大事な点でしょう。それはまた協議が実践につながるという実感が持てればやりたいという意欲につながるが、その経路が見えにくいと目先のことが先になりがちということもあるかもしれません。つまりひとつは、研修と実践のつながりを年間を通してどのようにしてサイクルとして創るかです。そこに研究主題やどのような研修をしていくかもかかわってきます。

　またその協議会のあり方です。参加、参画という観点でいえばひとりひとりが呟いたり発言したりできるためには、大規模園では小グループなどの協議会組織編制のあり方とともに、それぞれが自分で問った写真やエピソード記録などの事例を持ち寄るなど、自分が何か関与していると参加意識は高まります。また協議の中でも発言やポストイット参加などで何らかの形で声が見える化することが参加意識を高めるうえでは大事でしょう。

しかしさらにその一方で、議論をどのように深めるかという問題があります。発言がひとり1回できたかどうかといったことに目が向かいがちです。けれども大事なことは、その発言を相互に聴き合い学び合う関係と内容ができているかです。発話がつながり連鎖し合って深まっていくためには大事なことなのです。「子どもの事実から学ぶ」ためには、その事実が参加者にアクチュアリティを持って身体感覚を実感し共有できる学びができるような記録になっていること、そしてそれを多面的な視点から意味づけてつながりを語ることが大事になります。

　しかしさらにいうならば「子どもの事実を語る」だけではなく、「子どもの事実からそれぞれが学んだことを語る」という対話がその中で重層的に生まれていくことが次の実践へのつながりと理解の深まり、私事としてそれぞれが明日からの実践につなげるためには大事であると感じます。それはその事例から一歩抽象化、メタ化してみることになります。

　また同時に、では私の場合はどうかということをそれぞれが自分で語ることにもつながるのです。聴き上手、学び上手が生まれる研修では、この学んだことを司会者や年長者がまとめて仕切るのではなく、それぞれが自分の言葉や表現でできそうな形で語っています。同じようなことでもそれぞれの言葉で行なってみることで、そこに多様性と差異が生まれます。協議会のやり方には多様な方法や道具があってよいはずでありどちらがよい方法かなどを論じるのはナンセンスです。しかし大事なことは、実践事例から学ぶための多層的な経験が研修の中で保障されることなのです。

第三部

グローバル化の中での未来

①「保育の質についての研究」を振り返る

海外の研究にふれて

　保育の質が子どもの発達に及ぼす影響に関する海外の研究を学術論文にまとめる仕事をしました。アングロ・サクソン文化圏での研究が国際的にリードしています。北欧も東アジアの韓国、中国、台湾等も、またニュージーランドやオーストラリアでも同様の研究がなされています。保育の質をどのようにとらえているのかを読み解くと次のような問いが生れてきました。

　第1に、保育の質の効果として私たちは何が育つことを期待しているのかです。もともと子ども時代の今を十分によく生きることこそが保育でまず求められることのはずです。しかし、その後の育ちにつながるとすれば、そこに何を想定するのでしょうか。読み書きなどの学業成果や対人関係、生涯賃金などがこれまでの時期には集められてきた成果指標です。自律性や協働性、深く考え新たなものを作りだす力、そして幸福な関係性を形成し、自己有能感を感じることは大事ですしそれをどのようにしてとらえるのかも世界では今考えられ始めてきています。わが国でもそれを皆で考える時期にきています。保幼小連携が、教科へのつながりだけではなく、さまざまな側面での育ちを保障していることを私たちは小学校以上の関係者との交流から考えていくことも求められています。

　また第2には、保育の質は大規模縦断研究で、とらえられてきました。しかも保育の質がよいかどうかの根拠は一次元です。しかし、私たちは各園の創設の理念や独自の保育方針を大事にし、多様性の中で一定以上の質を確保し、毎年質の向上に向かっていける園のあ

り方を保育の質として考えていくべきだと考えています。最低限の基準を挙げていく努力と同時に、かけがえのなさとしての卓越性を求めていく質の評価のあり方をこれからは考えていくことが求められるでしょう。それは子どもたちの園での姿における共通性と多様性として何を求められるかにつながります。例えばアメリカや英国では敷地の面積基準や園庭の広さなどは大きな問題とされず、学級の集団サイズや園の先生の教育歴が問題にされてきました。それは室内で、小学校以上の教育につながる内容を大事と価値づけているからです。日本では戸外での遊びや砂場や泥、自然との共生、そして子どもたちの主体性と創意工夫で生まれる遊びの中にこそ価値を見いだしているはずです。何を大事な活動とし、その多様性をどのような範囲と基準で評価していくのかがこれからの問題になります。

　そして第3には、保育の質が議論されるときには、各園単位での調査や議論がなされます。これはとても大事なことです。しかしこれからは基礎自治体として市区町村が位置づけられます。その地域の保育ニーズに合った保育の展開がより問われてきます。園と同時に基礎自治体の施策やあり方が問われます。しかも豊かな自治体が豊かな保育を提供できているというだけではなく、自治体の工夫や独自性こそが重要です。

　質の検討の研究では後進国の日本だからこそ、先進国の例から多くを学び、自分たちの独自性や優先順位を考え、加速度をもって保育の質の研究に取り組み進みたいと思います。少子高齢化に世界でいちばん早く突入する国で、次世代への責任をひとりひとりが持ち、質の課題に取り組むことが問われている時代に直面しているのです。

②国際的視点から保幼小連携の課題を考える

各国のカリキュラムから学ぶ

　2012(平成24)年の日本保育学会の国際シンポジウムの場で、『国際動向をふまえて日本の保幼小のこれからを考える』という話題提供をさせていただきました。

　OECDでは保育の質向上の5つの提案①目標と規制、②カリキュラムやスタンダードのデザインと実施、③資格研修や職場環境、④家族と地域コミュニティの関与、⑤データ収集と研究、モニタリングをしています。これは幼児期と児童期の接続連携においても、①接続連携を指針や要領に法の中に書き込み、②接続期カリキュラムを自治体で作成し、③免許の併有化や授業保育の相互参観を行い、④保護者や地域の人にも情報を発信交流共有したり、⑤連携のあり方そのものの評価を行なったり検討するという戦略が連携の質の向上を考えていくときに有効な発想です。

　まず①質の目標として、ベルギー(フレンチコミュニティ)では、0～12歳までのケアの質規程を作成したり韓国では市民性の育成や想像力重視のNURIカリキュラム(ヌリ課程)という幼保一貫包括的目標を設定したりしているとスターテイング・ストロングⅢの本によれば報告されています。また、フィンランドでは特別支援の長期的な連携接続の検討のように、より焦点化した対応も考えられています。また法的な規制として、小学校教育の最年少に幼児教育を位置づけたオランダやアイルランドなどでは、幼児部分は義務教育ではないが、制度的には一体化がなされてきています。

　また②カリキュラムにおいてはドイツ　ヘッセン州の0～18歳の

一貫カリキュラム、スコットランドの3～18歳までのカリキュラムなど、各年齢段階の発達特性は押さえつつも一貫カリキュラムを構想しようとする国や、スウェーデンのように、価値として、デモクラシー、人命の不可侵、個人の事由と尊重、すべての人の平等な権利などを0～20歳までのカリキュラムの根底の価値として明示しようとする動きもあります。さらに③ベルギーやフィンランドのように、幼稚園教諭と小学校教諭の養成の教育水準を同じにして初等教育としての単一のキャリアプロフィールを描く国も出てきています。

日本では、接続期カリキュラムや年長・小1の問題と位置づけられがちです。だが、より長期的な視座を持って共通の価値観やヴィジョンを目ざしていくこと、また日本では、遊びと教科とのつながりのように「学習」の接続だけが言われがちですが、ケア（養護）の0～18歳までのつながりをどのようにとらえていくのかという側面ももっと議論し考えていく必要があるでしょう。それは、保育者と小学校教諭の専門性をどのように共通のベースと独自性をとらえるのか、養成と現職研修等の連続性の中でその観点が重要です。豊かな生活者として市民を育成していくと考えたときにどのような価値と構造を構想するのかが大事です。地方分権化の中で、どの国でも地域の特徴をとらえた歩みが各自治体で進められています。私たちの自治体調査（一前・秋田、2011、2012）では、連携に取り組んできた期間や自治体の規模などにより、連携・接続の進展には地域により大きな違いが見られました。国、自治体、各学校園、ひとりひとりができることを各次元で引き受け合うことがこれからの未来に期待されています。

③ニュージーランドの保育政策に学ぶ

カリキュラムと評価

　ニュージーランド教育評価局のサンドラ・コリンズ教育評価課長に来日いただき、2014(平成26)年3月29日に東京大学で開催した幼児教育国際シンポジウム「保育実践政策学の創成」で講演をいただきました。その話が日本の現在の保育制度改革の中でこれからに参考になると強く感じたので私自身が学びたいと思った点を紹介してみたいと思います。

　質の保障と向上のための各国の歩みは、システムの管理運営の評価だけではなく、保育実践のプロセスの評価、教育内容の充実発展のための評価へと変わってきています。この点で、ニュージーランドはテファリキという多文化カリキュラムや学びの物語というストーリー型記録による評価がわが国では紹介されることが多くあります。しかしそれだけではなく、保育行政制度として、教育省とは別に教育評価局があり、「透明性が高い」、つまりだれにとってもなぜ外部からそのように評価されるのかがよくわかる評価を目ざした評価方法が実施されてきています。2002年に作られた方法が2013年7月からさらに改善され教育内容に力点が置かれた変更がなされてきています。

　教育評価局職員の方々は、質の評価はすべての子どもたちのポジティブな学びを促すために園の改善のためにしているという立場は絶対に譲らないこと、何が子どものためによい保育なのか、どんな実践がよい実践なのかは地域や文化により多様であり、また保育幼児教育施設で何をみることで保育の質が高くなったと言えるのかも

一義的には決められないため教育評価局自身が常に学び続ける組織であることを理念として合意しているというお話をうかがいました。

教育評価局では専門の評価員が「とても適切な場(全体の中での比率12％)、適切な場(73％)、さらなる改善が必要(15％)、適切でない場(２％)」と評価を行なっています。評定によって外部評価をうけるサイクルも違っており、とても適切であれば４年に１度、適切であれば３年に一度、改善が必要であれば２年、適切でない場では管轄の教育省と協議といった形になっています。良質であれば園の自己評価をさらに生かし、課題を抱えている園では、底上げをするために教育評価局が尽力をするというサイクルを生み出しているわけです。質向上のために園の自律性を促すとともに人員や公的経費を効果的に投入する発想が徹底しています。各施設が行なっていた自己評価の強みは何か、その強みを生かして評価能力を上げていこうと各園のよさを見いだし、自己評価を助長しようという立場は外さないというスタンスが具体的な制度としてできています。そして自己評価も含め評価と実践の結び付きが理解できていない園には、具体的な助言をしてこのように評価を進めればこんなふうに実践が変わると支援体制を作り状況に合わせた情報提供をする仕組みができているとのことでした。

つまり外部評価者が保育や教育のコーディネーターとなって、優れた実践園から学び、底上げが必要な園にとってほしい情報を提供しながら質の改善に同行をしているのです。日本の新制度でも質評価の必要性は語られますが、具体的な制度設計について、先進例に学び日本らしい形を創っていくことが求められていると思います。

④EUの保育は今

データベースの構築と管理

　2012(平成24)年6月中旬に開かれた第11回のOECD保育ネットワーク会議では、質の評価とモニタリングに関する内容が議論されました。第11回以後は5年計画で乳幼児期の国際的なデータベースの構築に向けて国際的協働が進められてきています。国際比較が可能な指標を通じて乳幼児期の教育の質に関するモニタリングをいかに強化するかがその議論の中心です。小学校以上の教育においてグローバル化によって、OECDのPISA調査やキーコンピテンシー概念によってある種の方向づけがなされていったのと同様、幼児教育部分もあとこれから5年の間には、各国の文化的価値観や理念は大切にされながらも、良質の保育のための構造的な基準やそのためのデータベースがグローバル化の中で創られてきます。

　日本では学校評価としての自己評価が義務づけられ、各園で取り組み始められているところであり、子ども子育て支援新制度と共にさらに進んでいくと思います。日本では何を評価するか、どのように公表するか、どのようにそれを次の一歩に活用するのかという点については、各園に任されているところが多く、統一した方向性はまだ十分には検討されていないように思います。これに対して、EU諸国では、質の評価モニタリングとして、自己評価や客観的評価を行なうというだけではなく、どのような評価データとどのような方法であればそれを保育の質の向上に生かしていくことができるのか、園、自治体、国というそれぞれの水準において、質に関して評価した内容をいかにフィードバックして生かしていくのかというサ

ルのあり方が議論されてきています。欧州連合理事会や欧州基金などをはじめＥＵ諸国では共通のデータベースを創り、また小学校以上の学習や学力指標とのつながりを射程に入れながら35か国の国がいっしょになって検討を始めその成果も2014年に報告されました。またこの数年の間に、保育者の専門性の向上のためのあり方や資格の各国プロフィールの検討などもなされてきました。

　さまざまなデータベースによる管理と質改善は英国や米国をはじめとするアングロ・サクソンの各国から始められましたが、経済不況の中でより効果的な投資を行なっていくという点から、現在ではＥＵ諸国にもこの動きは大きく波及してきています。英国では乳幼児期から大人までの個人データベースによって発達的な変化や調査ができるシステムの構築に取り組み始めています。

　これらは国や世界標準の質保証を目ざすひとつの方向です。韓国や中国も同様のデータベースの方向を目ざして取り組んでいます。しかしもう一方でＥＵ諸国がいつも大事にしているのは保育の質は最終的にその国の社会文化的価値観によって決められるという思想です。日本の保育がこの意味で大事にしたい思想とこれからの質モニタリングのための指標と評価から改善への道のりはどのようにつくることができるでしょうか。量の拡充問題と同時に中身の質の保障と向上の制度をどのようにつくるのかが世界的視点で見ればもっとも問われてきているのです。でも報道等では量だけが注目されがちです。行政にも報道の人にももっと長期的展望を持ってこの国を考えてもらいたいと訴え続けなければならないのです。

⑤東アジアの幼児教育改革

各国の制度と方向性

　東アジア各国でのさまざまな動きをその国で幼児教育をリードしている人たちから聞くことで学ぶことが多くあります。

　台湾では、2012(平成24)年の10月から2〜6歳までの幼保一体化としての幼児園での新たなカリキュラムが実施されました。台湾の幼児教育制度は歴史的に日本の影響もあり、日本と類似した点を持っています。今では質の保障に向けて先進的に取り組んでいることがよくわかります。というのは国の行政制度も一体化され、さらには教員の資格や養成の一体化にも着手している点です。中央組織改革(Yuan 行政院)においては、教育部(省)の再編制と健康福祉省(福利衛生部)の組織改革が2013年1月から実施され、2〜6歳の託児所担当部署が教育部に移管されました。ただし、0〜18歳の他の児童福祉担当部署は福利衛生部のまま保育所を担当していた部署のみが教育省に移るという形です。保育所保育に関する業務は福祉部に含まれていたすべての業務が福祉部から教育部に移管されるとともに、その担当ポストも、その業務に関連した担当ポストも予算もすべて教育省に移管されました。乳幼児期の教育の重要性が小学校以降との連続性も踏まえてとらえられていることがわかります。

　これに対して韓国では行政組織の一体化はされないがカリキュラムだけは一体化されました。幼稚園(教育科学技術部所管)とオリニジップ(保育所)(保健福祉部所管)の満5歳共通課程導入が2011年制定され、満5歳は2012年3月実施から、教育科学技術部と保険福祉部の共同告示によって進められています。また満3〜4歳は2012年

7月9日には満3〜4歳の「ＮＵＲＩカリキュラム（ヌリ課程）」が新たに制定、告示され、2013年には実施されました。韓国の大きな特徴のひとつは、2016年には保育所（オリジニップ）・幼稚園5歳児の約40万人への無償化（月30万ウオン）に向けて作業が進められていることです。

　またシンガポールでは、2011年教育大臣が変わり、目ざす教育自体が、いわゆる知的側面の重視から、全人教育の育成、市民性や道徳、価値の教育の重視という方向が学校教育改革全体に向けて動くことによって、教育課程が2011年から変わってきています。義務教育にはしないけれど、遊びと学びのバランスを取り、playful learningの方向が目ざされています。これまで、幼児教育においても東アジアの中でも、知育的な側面が強かったカリキュラムから、地域コミュニティの役割や、その地域コミュニティの中での人格教育の重視がなされています。また興味深いのは幼稚園教師の専門性開発として、小学校以上への導入と同様にレッスンスタディが園の協会で取り入れられ推進されることで、新たな研修のあり方やその道具が開発されています。自己評価も2011年からＳＴＡＲと呼ばれる方法が確立実施されています。

　東アジア各国の幼児教育は今、いずれの国も新たな地平を開いています。そのいずれもが全人性、知識基盤社会において生涯学び続ける人の育成を問題にしている点です。日本もまたこれらの方向を見据えた議論が次への一歩として考えられる必要があるでしょう。

⑥伸びを保障する教育

いつどこでどこまで伸びるか

　第12回のOECD乳幼児保育教育ネットワーク会議が2012年12月半ばにあり参加しました。スターティング・ストロングⅢの本の刊行後の新規事業として、2013年からの2年間のプロジェクトとして、保育の質と子どもの発達のための国際的指標とデータベース作りの議論が進められてきました。その中で第12回では、イギリスのダーハム大学で行なわれているiPIPSという国際比較調査研究(イギリス、オーストラリア、ニュージーランド、ドイツ、香港が現在参加)の話をうかがうことができ、着想として大変おもしろいと感じたので紹介してみたいと思います。

　これは小学校1年生において入学当初と1年たったときで認知発達や対人情緒的発達、運動能力の発達などの伸びを調べる調査研究です。20分ほどの個人面接でのパソコンを用いた検査と教師評定等で調べる形式を取っており、かなり幅広い内容を網羅した調査内容となっています。しかし何歳で就学するかは国によって違います。4歳の国もあれば6歳、7歳の国もあるというのが事実です。したがって一律に1年生のデータを比較するといったことはできません。しかし、小学校に入学してから1年間での伸びがその後の子どもたちの学力保障をするという結果を予備的に出しています。つまり1年生できちんと基礎が身につく教育保障がなされているかをとらえることの重要性の指摘ともいえます。これは個人だけではなく、伸びを保障する教育を行なっている学校が質の高い教育を行なう学校ということもできます。

私は、子どもたちにさまざまなテストを個人面接で小学校１年から行なうことがよいと全面的に肯定しているわけではありません。しかし、どの子どもに対しても、１年間の伸びをきちんと保障している教育が、保育所や幼稚園でも小学校でも、特に幼児期から児童期への初め人生の基礎的な教育として、初等教育では必要です。それがその後の伸びを保障するという結果にはうなずくことが多いと感じました。ドイツのTransKigsの幼小縦断調査研究でも、学力の高い子どもが、元々比較的発達しているのでだいじょうぶということで園の最終学年での伸びが十分には保障されていないのではないかという振り返りに基づく報告がありました。

　日本の幼児教育の場合にも、５歳として仲間とともに楽しく遊べるようになり、集団生活ができるようになっていることのみでよしとするのでよいでしょうか。それぞれの子どもたちが持てる力を十分に発揮できるように伸ばしている園もあれば、遊べてよしとしている園もあるといった実態はないでしょうか。１年間で運動能力や対人的な調整や交渉力、考える力や課題を追求する力が伸びることをどれだけ保障しているでしょうか。特に５歳でその伸びを保障することが小学校へ送り出す側の園には求められるのではないでしょうか。これらは個人の面接テストで量的に見ることではなく、日々の観察の中で本当に伸びが保障できているのかと振り返って見ることでもできそうです。挑戦的な活動をその領域などの園の活動のあり方の視点から再度考えてみてはどうでしょうか。

⑦保幼小連携チームワーク成功の原則

まとめ、組み立てていく力の大切さ

　保幼小連携について2012年発刊の英国やスウェーデン、ニュージーランド、アメリカの研究者たちが書いている本を大学院のゼミで読みました。その本の中で、保育所の保育者、幼稚園教師、小学校教師、そして学童保育の先生たちが対等な関係で、かつ相互を認め合いながら高めていくチームワークの条件が6点書かれていました。①よい雰囲気をつくり出すために、校長先生が参加すること、また②それぞれが共通の目標を設定できること、③自分たちが協力して生み出したいろいろなアイディアを試してみて、やはり連携協働こそが最善の方法であると実感できること、④そこで自信を得たり、連携することでそれぞれ全員に恩恵があるのだということを感じられること、⑤いつどうやって協力したらよいのかと忙しい間でもその方法や時間を見出すための共通の認識を形成していくこと、⑥そして協力連携は連携をするということだけではなく、それこそが各々の専門性開発としての学びのプロセスであり、研修になっていることを意識化することです。これらはスウェーデンでの実践から提案されたものですが、日本でも共通している点が多いと感じられるのではないでしょうか。

　①の校長先生や管理職の参加は、どのようにすることがよい雰囲気をつくり出すことになるのかというそのあり方を検討することは大切でしょう。校長先生がヴィジョンを形成し自由にやってみるように促してくれることはとても重要です。日本の場合の問題は、そこで出されるヴィジョンが、保幼小いずれにおいても対等なパート

ーナーシップとなっているのか、小学校教育の準備教育の早期化を求めるものなのか、むしろ幼児期の活動の中により深い学習のヒントを得て自分たちの実践に生かしていけるのかという点にあるように思われます。共通の目標が形式的な抽象的言葉だけのものではなく、具体的な子どもの姿、学びは年齢によって区別があるのではなく、このような姿があればつながっているという具体的な生き生きした言葉で語り合える目標になっているかが鍵です。スローガンは共通でも相互に描いている具体的な実践の姿はかなりのギャップや裂け目があるのもよくあることです。

　③の連携は必要だと感じ自信を得ていくためには、その場限りではなく、それが記録となって残ったり軌跡を振り返って話し合う時間が取られたりすることが大事でしょう。そのためにはどうやって時間を見いだし方法を考えていくのかが大事です。同じ会議時間でも全員が一斉だと皆で共有できる利点がありそうでありながら、語る人が固定化し、また皆が自由に話し合う時間は少なくなります。各自の参加と互恵性のためには、どのようにして小グループを組んだり、また自由な討議だけではなく論点を絞ったりしていくのかというキーパーソンのファシリテーション（整理・進行する）力が問われるところです。

　課題解決や実践実施のための話し合いだけではなく、新たに考えたくなる課題が見いだされ、実践を味わう中で実はチームワークの結成は強くなるのではないでしょうか。自己刷新できる園や学校文化こそ、今連携のためにも、またそれぞれの教育の質のためにも求められています。

⑧ノルウェーの保育政策に学ぶ

保育の質を海外から学ぶ

　2013(平成25)年5月に開催された日本保育学会の国際交流委員会国際シンポジウム等において、ノルウェーの保育教育政策について、行政担当官のトーベ・スリンデさんから生の話をうかがうことができました。ノルウェーは1975年に乳幼児教育と児童福祉を統合する「幼保の一元化」をいち早く実現した国であり、また日本と同様に、私立幼稚園、民営保育所の比率の高い国です。待機児童対策に力を入れ、この10年間でこの課題を克服してきた国でもあります。日本同様に、施設を増やすと希望者も増えるという何度かの波を超えてきているそうです。

　私なりにノルウェーに学びたいと感じた点をまとめると、大きくは3点あります。ひとつは保育哲学や乳幼児期の重要性への価値づけを国民が共有できているという政策の基盤にある思想です。子どもには乳幼児教育を受ける権利があるというすべての子どもに平等な教育保障という発想です。そしてそれが保育施設を自治体が準備することが義務づけられているという政策に具現化されていることです。また男女、人種民族によらない平等という思想が政策に貫かれています。1歳までは育児休暇を取る整備が行き渡っているので、子どもを施設に通わせる人の比率は極めて少ないことがこの国のシステムを支えています。そして乳幼児期のすべての子どもへの教育機会の重視から0～5歳までを一括し教育省管轄で Kindergarten としての施設で行なわれています。経済格差により恵まれない子どもへの給付や手当を鑑みてももっとも不十分な国としてOECD対

日経済報告で指摘されている日本とは、対照的です。

　第二には、具体的な政策の実現によって保育の質保障を着実に進めている点です。私立が多く保育料が地域によって違っていたのを平等と公平の精神に反するということで2003年に国会は党派を超えて全会一致で保護者の負担を一律にする経済的・法的支援を行なう法案を可決し、法律ですべての子どもが保育(教育)を受けられること(数の充足)と公立私立関係なく保育料の均一化が行なわれました。公私の格差なく保育料を35％下げ経済格差による就園率の格差も大いに是正されたとのことです。現在までに乳幼児期の子ども子育てへの投資を3倍に伸ばしてきています。それによって多くの子どもが園に通うようになっているのです。これらは、保護者の保育料負担がＯＥＣＤ先進諸国でもっとも高い日本とは対照的です。

　そして第三には、保育の質を上げるには保育者の養成が大事として2012年から大幅な改革を手がけてきていることです。ノルウェーの施設においては、保育の有資格者は約半数です。3歳児以下では1：3、3歳から6歳までを1：6とするように進めていると聴きました。また養成科目の履修科目数を減らす代わりに実践と理論のつながりを重視した養成と、現職において研究、探究のできる保育者像を大事にして保育者の生涯の職能階梯がデザインされています。日本ではどこまで生涯学び続け探究できる保育者像を目ざした議論がなされてきているでしょうか。もちろん国の規模も経済状況もノルウェーとは違います。しかし保育の質向上のために何が大切かを私たちは国外の動きを鏡として学ぶことが必要な時代にきているように思います。

⑨幼児教育の成果を問うグローバルな動き

日本の現状と対比して

　OECD乳幼児教育ネットワークでは保育の質を向上させるためにはデータ収集に基づきモニタリングが重要であると考え、そのインデイケーター(指標)や質モニタリングのあり方についての議論に取り組んでいます。このネットワークで常任理事国の日本ももちろん参加しています。この動きは、OECDのネットワークだけではなく、ユネスコや欧州連合、IEA(国際教育評価会議)や各国での動きともあいまっています。例えばユネスコでは現在すべての子どもたちに優れた就学時における子どもの学びを測定するタスクフォース(専門委員会)が組まれており、生涯学習の基盤としての学習をどのようにとらえるのかが検討されています。

　グローバルな指標のもとで各国の子どもたちの幼児教育の成果をとらえることでそれぞれが自国の保育政策、園の保育システムやクラスでの実践の質の向上につなげようとする動きです。そこであらかじめ7つの領域を設定して57の参加国と国際的観点から、すでに調査されているデータ等も踏まえて幼児期から青年期までを通して必要なデータは何かが検討されてきています。身体的健康、社会・情緒、読み書きとコミュニケーション。学習へのアプローチ(学び方)と認知、数と算数の5つは就学レデイネス(準備状態)という点から必要な分野として各国の同意が得られているそうです。しかしそれらを具体的に測定する指標には今のところ国際標準はなく、それが2013年度中に議論されました。

　一方、IEAでは幼児教育に関して、政策に関する質問紙、施設

に関する質問紙、教師・保育者への質問紙、家庭への質問紙を2014年度に行なうとともに子どもの発達や学習に関するアセスメントを2015年度に行なうことで、保育の質向上に向けての最終的な国際報告が2018年に出されるようプロジェクトが組まれて進んでいます。これまで義務教育部分で行なわれてきた議論がより早期の幼児期に目を向けて一貫した発達や学習の方向への地図を作ろうとしていると考えられます。

　こうしたグローバルな動きだけではなく、各国でもそれぞれに幼児期の質をとらえてエビデンスに基づき政策を形成しようとする動きは着実に進行しています。その中でも、カナダやオーストラリアの取り組みは、子ども個々や園レベルでの成績を問題にするのではなく、各地域コミュニティを単位にして何がその地域において重点施策にすべきかを、保育者自身が子どもたちの発達をとらえてWeb入力で評価したデータが累積されてそれに基づいて改善が図られる方向が検討されてきている点で興味深い動きのひとつです。

　保育の質の評価をエビデンスに基づいて行なうときには、だれのデータを何のために使用するのか、単なる競争的側面の強化につながるのではないかという危惧とともに、一方では格差が大きく不利益を被っている地域に重点的な施策を地域の人とともに行なっていくためのエビデンスとしての活用もあります。日本はこうした意味で幼稚園・保育所の二元システムのもとでこれまで質向上にかかわるエビデンスの蓄積が何もないただひとつの遅れた国でもあります。私たちは新制度のもとでどのような方向に向かうのかが問われています。

⑩保育における学びのポイントを見る目

スウェーデンの研究から考える

　2013年9月初めにスウェーデン　ヨーテボリ大学で行なわれた世界授業研究学会に参加しました。当該学会では小学校以上の授業研究だけではなく、発表者数は幼児教育の専門学会のように多くはないですが、就学前施設での保育者の資質向上や研修のあり方も議論しています。今回もスペインやスウェーデン、インドネシア、シンガポールなどの園内研修の具体的事例の話を聞くことができました。中でも、今回の基調講演のひとつであった、前OMEP世界総裁でもありスウェーデンの幼児教育を代表する研究者の一人であるイングリッド・プラムリング・サミュエルソン教授の講演はおもしろいものでした。彼女は、学びのバリエーション（多様性）理論という小学校以上の授業における学びの理論をベースにしながら幼児期の固有の発達教育学を語られました。スウェーデンではストックホルムなど北部ではダールバーグ教授等を中心に、イタリアのレッジョ・エミリアの思想に影響を受けた保育哲学が中核に議論されています。それに対し、ヨーテボリなどの南部では、学びの多様性理論で子どもの学びのポイントをとらえる発達教育学の視点が幼児教育の中心になっています。

　彼女の最近の研究プロジェクトのひとつに2～8歳の子どもにアートをどのように教えるのか、審美性について、乳幼児期の感覚的な経験がどのように美への知識や認識として育っていくのかを調査している研究があります。乳幼児期の子どもにとって、生活の中に音楽やダンス、詩は日常経験の中にありその文化的活動に参加して

います。歴史的には古代にはダンスと音楽、歌は総合的に一体化しており歴史文化的発生からもこの3点の分化を子どもの発達とともにとらえようとされています。そして美への意識は文化に支えられており、それは乳幼児期にこそ培われると考えられています。

その3活動で何がどのようにできるかではなく、子どもはどのようにそれらの活動で大事な特徴をいつどのように分化して識別できるようになっていくのかを学びの重要なポイントとして押さえ、保育者と共に実践において検討しておられました。あらゆる領域でその領域で重要な特徴、学びの対象を識別できることが学びの深まり、保育の質につながると彼女は考えています。例えばダンスの動きであれば、押したり引いたり、停止と動き、小さな動きと大きな動き、強い注意を生む動きなどを子どもが遊びで踊っている場面で実際にどれくらい意識して動いているかを観察したり事例を集めて育ちの変化を実践の中でとらえようとされています。保育者は学びの対象として重要な特徴を子どもが暗黙に区別して行なっているときに、それを言葉で表してあげる(メタ言語)ことで、学びの対象へ子どもの注意を向ける対話が学びの質を高めることになると話されていました。遊びの中に学びがある、これが小学校の学びにつながるという話ではなく、幼児期にこそ学ぶべき対象とは何が重要な特徴なのかを、保育者が個々の活動において認識し受け止め言語化することが子どもにも保育者にも学びになる。これは日本の保育にも当てはまる考え方であり、しかし日本では十分に議論されていない点ではないでしょうか。

⑪社会情動的スキルをはぐくむ

国際的な動向を把握しつつ

　2014(平成26)年6月初めの第16回OECDの乳幼児教育ネットワーク会議に出席しました。現在世界各国では質のモニタリングのためのあり方を越えて、具体的にそのためのデータの収集や乳幼児教育の成果をどのようにしてとらえていくかを議論しています。その中で興味深いと思ったのは、OECDが現在社会情動的スキルの育成にかなり力点を置いてその測定の開発などを進めようとしてきている点です。そこでいう社会情動的スキルとは、目標をやり遂げようとする力としての忍耐力や自己調整能力、熱意、また他者とうまく協働できるための仲よくできる、相手を大事に思う、助けたり親切にできたりするといった力、またストレスに対処できるための自尊心や自信、穏やかさであり、気持ちを静められる力や楽観的に物事を見られる力などを指しています。

　そしてそれらが乳幼児期、児童期に培われることによって、その後の学業成績に影響を与えるだけではなく、労働市場から考えたときには、年収や雇用状況、賃金、家庭形成、健康、犯罪などに影響が長期的にあることが、アメリカやイギリスをはじめとするアングロ・サクソン圏の何十年間にもわたる長期縦断研究からは明らかになってきています。つまり学位や雇用という成果を語るのに、認知的な力や学力と同程度に社会情動的スキルは重要であることが指摘されてきています。特に年代的にみると20代前半の大学等までは認知的なスキルや学力で説明される部分が多いが、30代後半以降においてはむしろ、非認知的スキルと呼ばれるこのようなソフトスキル

のほうが影響をもたらすといった結果が出てきています。

　こうした知見を聴きながら感じるのは、社会情動的スキルこそ、机に小さいときから子どもを座らせて座学で学ぶものではなく、遊びを通して仲間と共に培われるものであるということです。これまで見えない教育と呼ばれてきた部分にも日が当たってきたことで、さらに遊びの質の重要性が論じられるようになるとよいのではないかと感じています。

　実際にこれから小学校１年生から中学１年までについて2013年から20年に予備調査を行ない、2016年からは長期縦断研究がＯＥＣＤのほうでは始まる予定です。そうなれば日本でも、国際学力テストＰＩＳＡの広がりと共に、日本の教育にＰＩＳＡが大きな影響を及ぼしたように、社会的スキルや、感情的スキルの育成も言われるようになるでしょう。

　まずはみずからの好きな遊びをひとりひとりが見つけ出してこだわりを持って遊べること、そしておもしろいことは相互につながり合うので、その中で子ども同士が遊びを楽しみ、そして時には嫌なことがあってもそれに対処できる力をつけていくという道筋が実はもっとこれからの市民社会にとって必要なスキルを育成するまっとうな道なのではないかと思います。その意味でこの国際的動向を見つめわが国でもこうした研究ができるようになっていくことに期待したいと思います。

おわりに

　少子化に直面している我が国。子どもは未来への希望であり、宝物です。ではその子どもたちを育てていくために、公的な保育や幼児教育の政策や制度が十分に保障されているでしょうか。答えは、新制度が始まる今であっても否です。これは未完の果てしなき道なのかもしれません。これから子どもの数が減れば、さらに子どもにかかわる社会保障費や教育費という公的資金が減っていく危険性があります。また男女共同参画社会と言いながらも、女性を労働力として低賃金で働く人材として扱い、家庭の経済格差をさらに大きくしていく危険性もあります。その被害を被るのはまさに子どもたちです。保育者の専門性は社会的に地位も十分ではなく、待遇も十分に保障されてはいません。「育児経験豊かな主婦」ならできる仕事という保育の内実を知らない人々の素人的発想が、保育という高度な専門性を低める方向や非正規職員の拡大に向かう危険性もまたはらんでいます。こうした危機に対し、私たちは社会に向けて警鐘を鳴らし続ける必要があります。

　では新制度の中で、何が未来へ向けて一歩進んだのでしょうか。私も子ども子育て会議の委員のひとりとして参加し学ばせてもらいながらも、希望を抱くことと忸怩(じくじ)たる思いの両面が渦巻く数年間を過ごしてきました。多様な施設形態が新制度の中で保障されるようになります。幼稚園教諭、保育教諭、保育士等多様な職名と複数の資格・免許は、それぞれの関連団体や組織を創り出します。それは研修や権利の保障と裏表で権益を生み、相互に価値や園文化の違い

を生み出します。こんなことを私はまのあたりにしながら、質の向上は何によってできるのかを考えてきました。少なくともその原点は子どもの幸せをだれもが願っているところではないかと思います。そのために子どもたちに最善の利益が保障され、すべての乳幼児にきちんとした公教育の保障がなされていくことが求められます。教育は養護と一体的に展開されるものであるのは言うまでもありません。子育て支援は現世代投資なのに対し、子どもへの投資は未来投資なのです。どの施設形態にかかわる子どもも落としこぼす落差なく、家庭の格差なく、また乳児期から幼児期、幼児期から児童期への段差なく、良質の保育・教育を保障することが大事なのは言うまでもありません。そのために、地域の中で責任を引き受け子どもたちを育てることを長年引き受けてきている園、あるいはこれから引き受けようとしている園、その園を支え働く人たちに私は信頼を置いています。だから、保育の未来は園のありようにかかっていると敬愛する保育の専門家たちを信じています。その中核は、かけがえのない強みをいかした学ぶ組織に、各園がなっていくことです。そのために大事なことを少しずつ書いた本書の一頁が何か未来につながる一コマになれば幸いです。

　「長く読んでほしい本だからハードカバーで創りましょう」といって発刊してくださったひかりのくに　編集部安藤憲志さん・堀田浩之さんに厚く謝意を表したいと思います。そして学びの機会をいつもくださった故岡本健社長のご冥福を心より祈りたいと思います。

合掌

初出掲載誌一覧

第一部　保育の質を高めるために
①月刊保育とカリキュラム(ひかりのくに)‥2014年 4 月号
②月刊保育とカリキュラム(ひかりのくに)‥2014年 5 月号
③月刊保育とカリキュラム(ひかりのくに)‥2014年 6 月号
④月刊保育とカリキュラム(ひかりのくに)‥2014年 7 月号
⑤月刊保育とカリキュラム(ひかりのくに)‥2014年 8 月号
⑥月刊保育とカリキュラム(ひかりのくに)‥2014年 9 月号
⑦月刊保育とカリキュラム(ひかりのくに)‥2014年10月号
⑧月刊保育とカリキュラム(ひかりのくに)‥2014年11月号
⑨日本教育新聞(日本教育新聞社)‥‥‥‥‥2011年 9 月19日
⑩日本教育新聞(日本教育新聞社)‥‥‥‥‥2011年10月17日
⑪日本教育新聞(日本教育新聞社)‥‥‥‥‥2011年11月21日
⑫日本教育新聞(日本教育新聞社)‥‥‥‥‥2011年12月19日
⑬日本教育新聞(日本教育新聞社)‥‥‥‥‥2012年 1 月23日
⑭日本教育新聞(日本教育新聞社)‥‥‥‥‥2012年 2 月27日
⑮日本教育新聞(日本教育新聞社)‥‥‥‥‥2012年 3 月26日
⑯日本教育新聞(日本教育新聞社)‥‥‥‥‥2012年 4 月23日
⑰日本教育新聞(日本教育新聞社)‥‥‥‥‥2012年 6 月11日
⑱日本教育新聞(日本教育新聞社)‥‥‥‥‥2012年 7 月 9 日
⑲日本教育新聞(日本教育新聞社)‥‥‥‥‥2012年 8 月 6 日
⑳日本教育新聞(日本教育新聞社)‥‥‥‥‥2012年 9 月10日
㉑日本教育新聞(日本教育新聞社)‥‥‥‥‥2012年10月 8 日
㉒日本教育新聞(日本教育新聞社)‥‥‥‥‥2012年11月12日
㉓日本教育新聞(日本教育新聞社)‥‥‥‥‥2012年12月10日
㉔日本教育新聞(日本教育新聞社)‥‥‥‥‥2013年 1 月28日
㉕日本教育新聞(日本教育新聞社)‥‥‥‥‥2013年 2 月25日
㉖日本教育新聞(日本教育新聞社)‥‥‥‥‥2014年 7 月 7 日
第二部　未来にむけて、変わるものと変わってはならぬもの
①週刊教育PRO(株式会社ERP)‥‥‥‥‥‥2011年11月 1 日
②週刊教育PRO(株式会社ERP)‥‥‥‥‥‥2011年12月 6 日

③未発表原稿……………………………………………2013年
④教育PRO(株式会社ERP)‥2012年3月20日・27日合併号
⑤教育PRO(株式会社ERP)‥2012年4月17日・24日合併号
⑥教育PRO(株式会社ERP)………………2012年8月7日
⑦教育PRO(株式会社ERP)………………2012年10月2日
⑧教育PRO(株式会社ERP)………………2012年11月6日
⑨教育PRO(株式会社ERP)………………2013年2月5日
⑩教育PRO(株式会社ERP)………………2014年1月21日
⑪教育PRO(株式会社ERP)………………2013年3月5日
⑫教育PRO(株式会社ERP)………………2013年4月16日
⑬教育PRO(株式会社ERP)………………2013年8月6日
⑭教育PRO(株式会社ERP)………………2013年9月3日
⑮教育PRO(株式会社ERP)………………2013年12月3日
⑯教育PRO(株式会社ERP)………………2014年2月4日
⑰教育PRO(株式会社ERP)………………2014年3月4日
⑱教育PRO(株式会社ERP)………………2014年4月1日
⑲教育PRO(株式会社ERP)………………2014年9月2日

第三部　グローバル化の中での未来
①週刊教育PRO(株式会社ERP)2011年9月27日・10月4日合併号
②教育PRO(株式会社ERP)‥2012年5月15日・22日合併号
③教育PRO(株式会社ERP)………………2014年5月6日
④教育PRO(株式会社ERP)………………2012年7月3日
⑤教育PRO(株式会社ERP)………………2012年12月4日
⑥教育PRO(株式会社ERP)………………2013年1月15日
⑦教育PRO(株式会社ERP)………………2013年5月7日
⑧教育PRO(株式会社ERP)………………2013年6月4日
⑨教育PRO(株式会社ERP)………………2013年7月2日
⑩教育PRO(株式会社ERP)………………2013年10月1日
⑪教育PRO(株式会社ERP)………………2014年7月1日

●著者紹介

秋田　喜代美（あきた　きよみ）

東京大学大学院教育学研究科教授
東京大学文学部社会学科卒業。㈱富士銀行勤務。
退職、第一子出産後東京大学教育学部学士入学。
東京大学大学院教育学研究科博士課程修了。博士（教育学）。
東京大学教育学部助手、立教大学文学部助教授を経て現職。
主な著書『知を育てる保育』『保育の心もち』『保育のおもむき』
　　　　『保育のみらい』『保育の温もり』
　　　　『秋田喜代美と安見克夫が語る写真で見るホンモノ保育
　　　　～憧れを育てる～』
　　　　（以上、ひかりのくに）
●写真提供　㊕亀ヶ谷学園　宮前幼稚園

続　保育のみらい～園コンピテンスを高める～

2015年3月　初版発行

著　者　秋田　喜代美
発行者　岡本　功
発行所　ひかりのくに株式会社
〒543-0001　大阪市天王寺区上本町3-2-14　郵便振替00920-2-118855
〒175-0082　東京都板橋区高島平6-1-1　郵便振替00150-0-30666
ホームページアドレス　http：//www.hikarinokuni.co.jp
印刷所　図書印刷株式会社

乱丁・落丁はお取り替えいたします。　　　　　　　　Printed in Japan
検印省略©2015　　　　　　　　　　　　　　ISBN978-4-564-60869-8
　　　　　　　　　　　　　　　　　　　　NDC376　128P 18.8×13.2cm

本書のコピー、スキャン、デジタル化等の無断複製は著作権法上での例外を除き禁じられています。本書を代行業者等の第三者に依頼してスキャンやデジタル化することは、たとえ個人や家庭内の利用であっても著作権法上認められておりません。

Ⓡ〈日本複製権センター委託出版物〉
本書を無断で複写複製（コピー）することは、著作権法上の例外を除き、禁じられています。本書をコピーされる場合は、事前にJRRC（公益社団法人日本複製権センター：http：//www.jrrc.or.jp/)の許諾を受けてください。